孔叢子

〔漢〕孔鮒 撰
〔宋〕宋咸 注

齊魯書社
·濟南·

圖書在版編目（CIP）數據

孔叢子 / (漢) 孔鮒撰 ; (宋) 宋咸注. -- 濟南 : 齊魯書社, 2024. 9. -- (《儒典》精粹). -- ISBN 978-7-5333-4922-6

Ⅰ. B229.32

中國國家版本館CIP數據核字第202426KE56號

責任編輯　張　超
裝幀設計　亓旭欣

孔叢子
KONG CONG ZI
〔漢〕孔鮒　撰　〔宋〕宋咸　注

主管單位	山東出版傳媒股份有限公司
出版發行	齊魯書社
社　　址	濟南市市中區舜耕路517號
郵　　編	250003
網　　址	www.qlss.com.cn
電子郵箱	qilupress@126.com
營銷中心	（0531）82098521　82098519　82098517
印　　刷	山東臨沂新華印刷物流集團有限責任公司
開　　本	880mm × 1230mm　1/32
印　　張	6
插　　頁	2
版　　次	2024年9月第1版
印　　次	2024年9月第1次印刷
標準書號	ISBN 978-7-5333-4922-6
定　　價	56.00圓

《〈儒典〉精粹》出版説明

《儒典》是對儒家經典的一次精選和萃編，集合了儒學著作的優良版本，展示了儒學發展的歷史脉絡。其中，《義理典》《志傳典》共收録六十九種元典，由齊魯書社出版。鑒於《儒典》采用套書和綫裝的形式，部頭大，價格高，不便於購買和日常使用，我們决定以《〈儒典〉精粹》爲叢書名，推出系列精裝單行本。

叢書約請古典文獻學領域的專家學者精選書目，并爲每種書撰寫解題，介紹作者生平、内容、版本流傳等情况，文簡義豐。叢書共三十三種，主要包括儒學研究的代表性專著和儒學人物的師承傳記兩大類。版本珍稀，不乏宋元善本。對於版心偏大者，適度縮小。爲便於檢索，另編排目録。不足之處，敬請讀者朋友批評指正。

齊魯書社

二〇二四年八月

《〈儒典〉精粹》書目（三十三種三十四册）

孔氏家語	荀子集解	孔叢子
春秋繁露	春秋繁露義證	鹽鐵論
新序	揚子法言	白虎通德論
潛夫論	中説	太極圖説　通書
龜山先生語録	張子語録	傳習録
張子正蒙注	先聖大訓	近思録
四存編	孔氏家儀	帝範
帝學	温公家範	文公家禮
聖門禮樂誌	東家雜記	孔氏祖庭廣記
伊洛淵源録	伊洛淵源續録	國朝漢學師承記
國朝宋學淵源記	孔子編年	孟子年表

解題

孔叢子七卷釋文一卷，漢孔鮒撰，宋宋咸注，宋刻本

《孔叢子》一書，據宋咸《孔叢子注序》所云，乃孔鮒論集孔子、子思、子上、子高、子順及孔鮒自己之事，凡二十一篇，爲六卷。《嘉言》《論書》《記義》《刑論》《記問》記孔子言行；《雜訓》《居衛》《巡守》《公儀》《抗志》記子思言行；《小爾雅》爲訓詁字書；《公孫龍》《儒服》《對魏王》主要記子高（孔穿）言行；《陳士義》《論勢》《執節》記子順言行；《詰墨》《獨治》《問軍禮》《答問》記子魚（孔鮒）言行。至漢武帝時期，太常孔臧又以所作賦與書上、下二篇附綴於末，别名《連叢》，是爲卷七。

然自宋以來，疑此書晚出，如宋洪邁《容齋隨筆》以爲齊梁以來好事者所作。宋朱熹認爲此書詞氣卑弱，非兩漢文字。明高似孫《諸子辨》以爲此書出於後人綴集。清《四庫全書總目》謂其説與僞孔《傳》、《孔子家語》相同，也認爲其書晚出。至近人顧實則徑以爲《孔叢子》亦王肅所造。雖此書晚出，但廣泛徵引先秦兩漢文獻資料，保存了不少重要的史料，對瞭解

漢以前儒家思想及孔子家族的發展變化，皆具有重要的參考價值。

《孔叢子》一書，《隋書·經籍志》著録爲七卷。至北宋時，宋咸爲作注。宋咸字貫之，建州建陽人。宋天聖二年（一〇二四）進士。嘉祐三年（一〇五八）注釋此書完稿後，曾進獻仁宗皇帝，獲賜金紫，但書藏於秘閣，民間無傳。至嘉祐八年（一〇六三），宋咸門人呂逢始刊梓行世。惜呂氏刻本久佚，今所傳者，當推此南宋刻本爲最早。

李振聚

目録

孔叢子卷第四

孔叢子卷第五

孔叢子卷第六

提點廣南西路諸州軍刑獄公事兼本路勸農事朝散郎守尚書屯田郎中上輕車都尉賜緋魚袋借紫臣宋　咸　撰

孔叢子者乃孔子八世孫鮒字子魚仕陳勝為博士以言不見用託目疾而退論集先君仲尼子思子上子高子順之言及己之事凡二十一篇為六卷名之曰孔叢子蓋言有善而叢聚之也至漢孝武朝太常孔臧又以其所為賦與書謂之連叢上下篇為一卷附之于末然士大夫號藏書者所得本皆豕亥魚魯不堪其讀臣凡百購求以損益補竄近始完集然有語或淺固弗極於道疑後人增益乃悉誅去義例繁很隨亦刪定因念彼鬼谷尉繚庚桑靈匕其浮夸汪洋之說尚且命氏于世矧是所載皆先聖之言三代之術六藝之要在焉非諸子之流也又可泯而不稱耶故敢具所以然注而示諸學者云嘉祐三年戊

戌歲二月日臣咸謹序

孔叢子卷第一

臣咸注

嘉言第一

是書之第乃以仲尼子思子上子高子順子祢子孫之言為之先後嘉言名篇者取夫子應荅之善言云尔

夫子適周見萇弘言終退萇弘語劉文公曰萇弘周大夫萇叔也劉文公王卿士劉摯之子文公卷也劉畿內之国吾觀孔仲尼有聖人之表河目而隆顙河目言深且廣隆音也顙額也黃帝之形貌也脩肱而龜背言肱長背隆長九尺有六寸成湯之容體也然言稱先王躬履廉讓洽聞強記博物不窮抑亦聖人之興者乎劉子曰方今周室衰微時當敬王而諸侯力爭孔丘布衣聖將安施萇弘曰堯舜文武之道或弛而禮樂崩喪亦正其統紀而已矣言仲尼雖不得其位以行堯舜文武之道亦可正統紀而已祖述憲章然既而夫子聞之曰吾豈敢哉亦好禮樂者也

陳惠公（惠公陳悼太子師之子吳也吳楚平王立之）大城因起凌陽之臺未終而坐法死者數十人又執三監吏將殺之（監吏即監起臺之吏）夫子適陳聞之見陳侯與俱登臺而觀焉夫子曰美哉斯臺自古聖王之為城臺未有不戮一人而能致功若此者也陳侯默而退遽竊赦所執吏既而見夫子問曰昔周作靈臺亦戮人乎荅曰文王之興附者六州六州之衆（仲尼稱文王三分天下有其二孟言九州之有六州即文王所感雍梁荊豫徐楊之六州餘一分冀青兗三州爲紂）各以子道來故區區之臺未及期日而已成矣（文王受命作邑于豐乃作靈臺所以觀彼象民樂其有靈德故庶民子來經始而不日成之）何戮之有乎夫以少少之衆能立大大之功惟君爾子張曰女子必漸乎二十而後嫁何也孔子曰十五許嫁而後從夫是陽動而陰應（蓋三十之男陽之數二十之女陰之義）男唱而女隨之義也以為績組紃織紝者（組綬也紃絛也紝亦織也又作絍）女子之所有事也黼黻文章之義（黼若斧形黻若兩己相戾赤與青謂之文白與赤謂之章白與黑謂黼

之黼黑与青謂之黻此刺九文之數婦人之所有大功也必十五以往漸乎二十然後可以通乎此事通乎此事然後乃能上以孝於舅姑下以事夫養良子也

宰我使于齊而反見夫子曰梁丘據（梁丘據齊大夫子猶也）遇虺毒三旬而後瘳朝齊君齊君會大夫衆賓而慶焉弟子與在賓列大夫衆賓並復獻攻療之方弟子謂之曰夫所以獻方將為病也今梁丘已療矣而諸夫子乃復獻方將安施意欲梁丘大夫復有虺害當用之乎衆坐默然無辭弟子此言何如夫子曰汝說非也夫三折肱為良醫梁丘子遇虺毒而獲療諸有與之同疾者必問所以已之之方焉（已上也）衆人為此故各言其方欲售之以己人之疾也（醫寓物而遂曰售此欵售猶欵驗之云）九言其方者稱其良也且以參據所以已之之方優劣耳

夫子適齊晏子就其館既宴其私焉私謂竊訪齊之所以危亡曰齊其危矣
譬若載尤轄之車以臨千仞之谷其不顛覆亦難冀也子吾心
也子以齊爲游息之館當或可救子幸不吾隱也夫子曰夫死
病不可爲醫夫政令者人君之銜轡所以制下也今齊君失之
已久矣子雖欲挾其輈而扶其輪良弗及也抑猶可以終齊君
及子之身過此以往齊其田氏矣後田常殺簡公田和遷康公于海濱呂氏祀卒有齊國焉
齊東郭亥亥齊大夫東郭賈之族賈非曰子可勸止之黨也欲攻田氏執贄見夫子而
訪焉夫子曰子爲義也丘不足與計見弟揖子貢使答之子貢謂
之曰今子士也位卑而圖大位卑則人不附也圖大則人憚之
殆非子之任也盍姑姑且也已乎夫以一縷之任繫千鈞之重上
斷上懸之於無極之高下垂之於不測之深旁人皆哀其絕
而造之者不知其危子之謂乎馬方駭鼓而驚之繫方絕重

而塡之（塡猶塞也）馬奔車覆六轡不禁繫絶於高墜入於深其危必矣東郭亥色戰而跪曰吾已矣顏子無言既而夫子告子貢曰東郭亥欲爲義者也子亦告之以難易則可矣奚至懼之哉

宰我問君子尚辭乎孔子曰君子以理爲尚博而不要非所察也繁辭富說非所聽也唯知者不失理孔子曰吾於予取其言之近類也（謂倫類）於賜取其言之切事也近類則足以喻之切事則足以懼之（喻謂若此與之言懼謂若強直之諫）

論書第二（論書者蓋仲尼與諸侯弟子析白尚書之義共自子張問聖人受命洎有鮮在下子夏問書大義凡三事舊在嘉言爲臣戒今易之於此首庶一貫焉）

子張問曰聖人受命必受諸天而書云受終于文祖何也孔子曰受命於天者湯武是也受命於人者舜禹是也（受命於天者順天以誅惡非湯武而何受命於人者順人以歸義也非舜禹而何）夫不讀詩書易春秋則不知聖人之

心又无以别尧舜之禪湯武之伐也聖人以百姓心為心故詩書易春秋之為教本於是

子張問曰礼丈夫三十而室者昔舜三十徵庸而書云有鰥在下曰虞舜何謂也子襄師聞諸夫子曰聖人在上君子在位則内无怨女外无曠夫尧為天子而有鰥在下何也孔子曰夫男子二十而冠冠而後娶古今通義也舜父頑母嚚莫能崇室家之端為故逮三十而謂之鰥也詩云娶妻如之何必告父母父母存則宜崇婚若已殁則已之娶必告其廟今舜之鰥乃父母之頑嚚也不孝有三无後為大故舜不告而娶父頑母嚚然雖尧為天子其如舜何父頑母嚚雖尧元聖亦无如之何

子夏問書大義子曰吾於帝典見尧舜之聖焉於大禹皐陶謨益稷見禹稷皐陶之忠勤功勳焉於洛誥見周公之德焉故帝典可以觀美謂君聖臣賢稱雍禮樂之美大禹謨禹貢可以觀事謂位賢運德宅土貢賦之事

皋陶謨益稷可以觀政（謂典章教象之政）洪範可以觀度（謂皇極彝倫之度）泰誓可以觀議（謂天命之義）五誥可以觀仁（謂保民之人）甫刑可以觀誡（謂欽恤之戒）通斯七者則書之大義舉矣

孔子曰書之於事也遠而不闊近而不迫志盡而不怨辭順而不諂吾於高宗肜日見德有報之疾也苟由其道致其仁則遠方歸志而致其敬焉（德脩則異變見於人乎）吾於洪範見君子之不忍言人之惡而質人之美也發乎中而見乎外以成文者其唯洪範乎（心悅於德而錫之福以至乎大中非發中見外而何）

子張問曰堯舜之世一人不刑而天下治何則以教誠而愛深也龍子以為一夫而被以五刑（龍子趙岐謂古之賢者蓋嘗有此語）敢問何謂

孔子曰不然五刑所以佐教也龍子未可謂能為書也（以龍子失書之義）

子夏讀書既畢而見於夫子夫子謂曰子何為於書子夏

對曰書之論事也昭昭然若日月之代明離離然若星辰之錯
行上有堯舜之道下有三王之義凡商之所受書於夫子者志
之於心弗敢忘雖退而窮居河濟之間深山之中作壤室編蓬
户（壤室楢穴户上而居然）常於此彈琴以歌先王之道則可以發憤慷喟
忘己貧賤故有人亦樂之無人亦樂之上見堯舜之德下見三王
之義忽不知憂患與死也夫子愀然變容曰（愀然不平之狀）嘻子殆可
與言書矣雖然其亦表之而已未覩其裏也（表者礼樂仁義之美裏者天命之懿）
夫闚其門而不入其室惡覩其宗廟之奥百官之美乎
宰我問書云納于大麓（麓録也言大録万幾之事）烈風雷雨弗迷何謂也孔
子曰此言人事之應乎天也堯既得舜歷試諸難已而納之於
尊顯之官使大録萬機之政是故陰陽清和五星來備烈風雨
各以其應不有迷錯愆伏明舜之行合於天也

宰我曰敢問禋于六宗何謂也宗尊也尊而祭之有六神禋者煙也絜也精也煙者言燔柴升煙于天也絜者言其絜清也精者言其精肅也孔子曰所宗者六皆絜祀之也埋少牢於太昭所以祭時也壇曰太昭以祭四時太大也昭明也言四時之功大而明著祖迎於坎壇所以祭寒暑也祖送也言或迎寒而送暑或迎暑以送寒祭暑於壇以象陽祭寒於坎以象陰主於郊宮所以祭日也王宮主日郊宮猶王宮祭日壇也言壝土爲營域若宮室然夜明所以祭月也月主於夜故其壇曰夜明幽禜所以祭星也祭星壇曰幽禜言星則昧於月故也幽也禜者亦禜域之象雩禜所以祭水旱也祭水旱壇曰雩禜者蓋雩者吁吁之聲言祈之則爲可嗟之声禋于六宗此之謂也

季桓子問曰桓子魯正卿季平子之子名斯書曰茲予大享于先王爾祖其從與之享商書盤庚篇之文此何謂也孔子曰古之王者臣有大功死則必祀之於廟所以殊有績勸忠勤也盤庚舉其事以厲其臣故稱焉桓子曰天子之臣有大功者則既然矣諸侯之臣有大功者可以如之乎孔子曰勞能定國功加於民大臣死難雖

食之公廟可也桓子曰其位次如何孔子曰天子諸侯之自生則有列於廟死則有位於廟其序一也

書曰維高宗報上甲微上甲微契後八世湯之先也於高宗時已焉毀廟報謂祭也以報其德

定公問曰此何謂也孔子對曰此謂親盡廟毀有功而不及祖有德而不及宗故於每歲之大嘗而報祭焉不毀廟之主藏於始祖廟中歟以古至祫禘也宗則出之此制盡當時然歟所以昭其功德也公曰先君僖公功德前行或作前列可以與於報乎孔子曰丘聞昔虞夏商周以帝王行此禮者則有矣自此以下未之知也

定公問曰周書所謂庸庸祗祗威威顯民何謂也周書康誥之文言文王用可用敬可敬畏可畏以此道而示於民孔子對曰不失其道明之於民之謂也夫能用可用則正治矣敬可敬則尚賢矣畏可畏則服刑恤矣君審由此三者以示民而國不因未之有也

子張問書云奠高山（夏書禹貢之文）何謂也孔子曰高山五嶽定其差秩祀所視焉子張曰其礼如何孔子曰牲幣之物五岳視三公小名山視子男子張曰仁者何樂於山孔子曰夫山者㠑然高子張曰高則何樂爾孔子曰夫山草木植焉鳥獸蕃焉財用出焉直而無私焉四方皆伐焉直而無私與吐風雲以通乎天地之間陰陽和合雨露之澤万物以成百姓咸饗此仁者之所以樂乎山也

孟懿子（孟懿子魯大夫仲孫何忌懿謚也）問書曰欽四鄰何謂也孔子曰王者前有疑後有丞左有輔右有弼謂之四近言前後左右近臣當畏敬之不可以非其人也周文王胥附奔輳先後御侮謂之四鄰（胥附猶相附奔輳猶賓湊亦作湊）以免乎牖里之害（文王得四臣以免牖里之害即散宜生閎夭南宮括大顛也）懿子曰夫子亦有四鄰矣孔子曰吾有四友焉自吾得回

也門人加親非是其附乎自吾得賜也遠方之士日至是非奔輳乎自吾得師也前有光後有煇是非先後乎自吾得由也惡言不至於門是非御侮乎

孔子見齊景公梁丘據自外而至公曰何遲對曰陳氏戮其小臣（陳氏齊大夫之家）臣有辟焉（焉閔實辟也）是故遲公笑而目孔子曰周書所謂明德慎罰（周書康誥之文言文王能顯用俊德慎去刑罰）陳子明德也罰人而有辟非不慎矣孔子答曰昔康叔封衛統三監之地命焉孟侯（成王既殺三監以其地封康叔為衛侯曰孟侯者孟長也言以康叔為方侯之長若方伯然）周公以成王之命作康誥焉稱述文王之德以成勑誡之文其書曰惟乃丕顯考文王克明德慎罰克明德者能顯用有德舉而任之也慎罰者并心而慮之衆平然後行之致刑錯也此言其所任不失德所罰不失罪不謂己德之明也公曰寡人不有過言則安得聞君子

之教也

書曰其在祖甲不義惟王周書无逸篇之文言湯孫太甲為王不義伊尹放之桐宮公西赤曰聞諸晏子湯及太甲武丁祖乙天下之大君蓋赤也嘗聞晏子有是言夫太甲為王居喪行不義同稱君何也孔子曰君子之於人計功以除過太甲即位不明居喪之禮而干冢宰之政伊尹放之于桐憂思三年追悔前愆起而復位謂之明王以此觀之雖四於三王不亦可乎

魯哀公問哀公魯定公之子名將書稱夔曰於予擊石拊石百獸率舞庶尹允諧何謂也舜典之文言夔之作樂感百獸相率而舞則人神和可知焉孔子對曰此言善政之化乎物也古之帝王功成作樂其功善者其樂和樂和則天地且猶應之況百獸乎夔為帝舜樂正實能以樂盡治理之情公曰然則政之大本莫尚夔乎孔子曰夫

樂所以歌其成功非政之本也（言功成則樂作非所以為政本）衆官之長既咸熙熙然後樂乃和焉公曰吾聞夔一足有異於人信乎孔子曰昔重黎舉夔而進又欲求人而佐焉舜曰夫樂天地之精也唯聖人為能和六律均五声知樂之本以通八風夔能若此一而足矣故曰一足非一足也公曰善（張華博物志稱小山有獸其形如鼓一足知礼豈非世傳之譌好事者之為耶頗以孔子是言辯之）

記義第一

（記義者言記夫子荅弟子諸侯所問之義）

季桓子以粟千鍾餼夫子（餼遺也家語稱孔子曰季孫賜我粟千鍾而交益親）夫子受之而不辭既而以頒門人之無者子貢進曰季孫以夫子貧故致粟夫子受之而以施人無乃非季孫之意乎子曰何對曰季孫以為惠也子曰然吾得千鍾所以受而不辭者為季孫之惠且以為寵也夫受人財不以成富與季孫之惠於一人豈若惠

歟百人哉

秦莊子死孟武伯（莊子魯大夫武伯懿子之子仲孫彘武謚也）問於孔子曰古者同寮有服乎答曰然同寮有相友之義貴賤殊等不爲同宮聞諸老聃昔者虢叔閎夭太顛散宜生南宮括五百同寮比德以贊文武及虢叔死四人者爲之服朋友之服古之達禮者行之也（四人爲服史不載其事老聃有斷疑與其說故曰聞之云）

公父文伯死（公父文伯魯大夫季悼子之孫公父穆伯之子名歜）室人有從死者其母怒而不哭（其母敬姜也）相室諫之（相室蓋其家老也）其母曰孔子天下之賢人也不用於魯退而去是子素宗之而不能隨今死而內人從死者二人焉若此於長者薄於婦人厚也既而夫子聞之曰季氏之婦尚賢哉子路揪然對曰夫子亦好人之譽已乎夫子死而不哭是不慈也何善爾子曰怒其子之不能隨賢所以爲尚

賢者吾何有焉其亦善此而已矣（家語曰語亦載其事而下云吾聞好外者士死之好內女死之今吾子夭死吾惡其以好內聞也二三婦之欲供先祀者請无瘠色无揮涕无拊膺无哀容无加服有降服從禮而靜是昭吾子也孔子聞之曰女知无若婦男知莫若夫公父氏之婦知矣剖情損禮欲以明其子為令德也其餘與此文異未知孰是焉史記所載與此義同）

衛出（出公名輒靈公孫太子蒯聵之子）使人問孔子曰寡人之任臣無大小一一自言觀察之猶復失人何故荅曰如君之言此即所以失之也人既難知非言問所及觀察所盡且人君之慮者多多慮則意不精以不精之意察難知之人宜其有失也君未之聞乎昔者舜臣堯（言舜臣事堯之時）官才任士堯一從之（言一從舜所進仕）左右曰人君用士當自任耳目而取信於人無乃不可乎堯曰吾之舉舜已耳目之矣今舜所舉人吾又耳目之是則耳目人終無已已也（言吾舜之舉人吾又親耳目之則是已之用耳目無已時矣）君苟付可付（付可付不如堯之付舜）則已不勞而賢才不失矣

子貢問曰昔孫文子（孫文子衛卿林父也得罪於衛殤公以戚叛而奔晉）以衛侯哭之不哀知其將為亂不敢捨其重器而行盡寘諸戚（戚乃其所居之邑戚作宿）而善晉大夫二十人或稱其知何如孔子曰吾知其為知也人未知其為知也（善晉大夫二十人以謂能結其歡心）子貢曰敢問何謂也子曰食其祿者必死其事孫子知衛君之將不君不念伏死以爭而素規去就尸利攜貳非人臣也（尸主也攜貳猶違忒也言心主利而違忒）臣而有不臣之心明君所不赦幸哉孫子之以此免戮也（史記稱孫文子攻出衛獻公獻公奔齊遂與甯惠子共立殤公後甯喜與文子爭寵殤公使甯喜攻文子文子奔晉復求入故衛獻公與此文異未知孰是）

孔子使宰予使于楚〻昭王（昭王楚平王之子名能珍）以安車象飾（以象牙飾其車）因宰予以遺孔子焉（遺遺貺也）宰予曰夫子無以此為也王曰何故對曰臣以其用思其所在觀之有以知其然王曰言之宰予對曰自臣侍從夫子以來切見其言不離道動不違仁貴義尚德清素好儉士而有祿不以為積不

合則去退無吝心妻不服絲妾不衣帛車器不彫馬不食粟道則行樂其治不行則樂其身此所以爲夫子也若夫觀目之靡麗窈窕之淫音夫子過之弗之視遇之弗之聽也故臣知夫子之無用此車也王曰然則夫子何欲而可對曰方今天下道德寢息其志欲興而行之天下誠有欲治之君能行其道則夫子雖徒步以朝固猶爲之何必遠辱君之重貺乎重貺謂象乎王曰乃今而後知孔子之德也大矣宰予歸以告孔子孔子曰二三子以予之言何如子貢對曰未盡夫子之美也夫子德高則配天深則配海若予之言行事之實也子曰夫言貴實使人信之舍實何稱乎是賜之華不若予之實也天海之言非人所能際極故不若以行事之實

孔子適齊齊景公讓登夫子降一等景公三辭然後登讓登其階故降之等一既坐曰夫子降德辱臨寡人寡人以爲榮也而降階以遠

自絶於寡人寡人未知所以為罪孔子荅曰君惠顧外臣君之賜也然以匹夫敵国君非所敢行也雖君私之其若義何

顔讎（讎魯人也）善事親子路義之後讎以非罪執於衛將死子路請以金贖焉衛人將許之既而二三子納金於子路以入衛（二三子夫子弟子皆出金与仲由以入衛）或謂孔子曰受人之金以贖其私昵義乎（私親也昵近也）子曰義而贖之貧取於友非義而何愛金而令不辜陷辟（辟法也）凡人且猶不忍况二三子於由之所親乎詩云如可贖兮人百其身（秦風黄鳥三良之詩）苟出金可以生人雖百倍古人不以為多故二三子其欲由也成其義非汝之所知也

孔子讀詩及小雅喟然而歎曰（喟然大息貌）吾於周南召南見周道之所以盛也（六州之人浸被大王王季文王之化故王道所起焉）於栢舟見匹夫執志之不可易也（雖不見用而不忍去之心喻石焉）於淇澳見學之可以為君子

也衛武公年九十有五猶箴儆於卿師長士以懿戒自儆及其沒也謂之睿聖武公詩稱切磋琢磨猶孝而成然於考槃見遁世
之士而不悶也雖窮処不忘君之惡然終自般樂於木瓜見苞苴之禮行也投之以所始於
此焉於緇衣見好賢之心至也大德之盛而使人樂爲也如是於雞鳴見古之君子不
忘其敬也以雞声爲雞月光爲且亦敬之甚於伐檀見賢者之先事後食也議則取禾
狩乃有貆是知祿非无功而受焉於蟋蟀見陶唐儉德之大也以晉爲唐訓亦至焉於下泉見
亂世之思明君也閻主庸相誦此宜戒於七月見豳公之所造周也后稷大王之勤
於是見焉於東山見周公之先公而後私也非此无以見周公之聖於狼跋見周
公之遠志所以為聖也狼跋之難而終不失其正非周公則孰能与於是於鹿鳴見君臣之
有禮也君既將意之厚而臣之忠也亦至於彤弓見有功之必報也臣非桓文所宜愧焉
於羔羊見善政之有應也由文王之化遂皆正直於節見忠臣之憂世也大臣
誦此安得不戒於蓼莪見孝子之思養也役若養闕乃君爲之於四月見孝子之
思祭也小雅四月篇刺幽王以在位貪殘下国構禍怨乱並興乃述孝子思祭之豪詳於裳裳者華見古之

賢者世保其祿也（昏主則不能致是）於采藪見古之明王所以敬諸侯也（仲尼居常言詩書固多矣子思不能盡錄但舉其略）

孔子晝息於室而鼓琴焉閔子自外聞之以告曾子曰嚮也夫子之音清徹以和淪入至道今也更爲幽沉之聲幽則利欲之所爲發沉則貪得之所爲施夫子何所之感若是乎吾從子入而問焉曾子曰諾二子入問孔子孔子曰然汝言是也吾有之向見猫方取鼠（一作貍非也）欲其得之故爲之音也汝二人者孰識諸（問汝二人孰能識此）曾子對曰是閔子（曾子對以爲是閔子知此）夫子曰可與聽音矣

孔叢子卷第一

孔叢子卷第二

臣咸 注

刑論第四 夫禮以先民遂至於道雖刑爲輔亦自清設故夫子之論獨名于篇從有論書者四然皆主於刑義故不附於前

仲弓問古之刑教與今之刑教孔子曰古之刑省今之刑繁其爲教古有禮然後有刑是以刑省今无禮以教而齊之以刑刑是以繁書曰伯夷降典折民維刑書呂刑之文言堯命伯夷下禮典以教民而斷折以法謂下禮以教之然後維以刑折之也夫无礼則民无耻而正之以刑故民苟免

孔子適衛衛將軍文子問曰文子衛卿名彌牟吾聞魯公父氏公父氏魯大夫季氏不能聽獄信乎孔子荅曰不知其不能也夫公父氏之聽獄有罪者懼无罪者耻文子曰有罪者懼是聽之察刑之當也无罪者耻何乎孔子曰齊之以礼則民耻矣刑以止刑則民懼矣文

子曰今齊之以刑刑猶弗勝何礼之齊孔子曰以禮齊民譬之於御則轡也以刑齊民譬之於御則鞭也執轡於此而動於彼御之良也无轡而用策則馬失道矣捨轡而用策則馬失道去礼而任刑則民忘生文子曰以御言之左手執轡右手運策不亦速乎若徒轡无策馬何懼哉孔子曰吾聞古之善御者執轡如組兩驂如舞非策之助也鄭風大叔于田篇言驂馬和諧中節如組者如織組之為是以先王盛於礼而薄於刑故民從命今也廢禮而尚刑故民彌暴文子曰吳越之俗无礼而亦治何也孔子曰夫吳越之俗男女无别同川而浴民輕相犯故其刑重而不勝由无礼也中国之教為外内以别男女異器服以殊等類故其民篤而法其刑輕而勝由有礼也

孔子曰民之所以生者衣食也上不教民〃匱其生飢寒切於身而不為非者寡矣故古之於盜惡之而不殺也今不先其

教而一殺之是以罰行而善不反刑張而罪不省夫赤子知慕其父母由審故也況為政與其賢者而廢其不賢以化民乎知審此二者則上盜先息（上盜猶大盜）書曰茲殷罰有倫（周書康誥之文言此殷家刑罰有倫理者亦當兼用之）子張問曰何謂也孔子曰不失其理之謂也今諸侯不同德無君異法折獄無倫以意為限是故知法之難也子張曰古之知法者與今之知法者異乎孔子曰古之知法者能遠（遠謂能止其原以礼教先之也）今之知法者不失有罪不失有罪其於怨寡矣（既不先礼復不能遠以情推法焉得）能遠則於獄其防深矣寡怨近乎濫防深治乎本書曰維敬五刑以成三德言敬刑所以為德矣（周書呂刑之文言教以惟敬五刑所以成剛柔正直之三德）

書曰非從維從（周書呂刑太察辭于差非從惟從言察囚辭當差錯不可從其偽辭必審從所本之意）孔子曰君子之於人也有不語也无不聽也（有不語則已語則无不聽在審其真偽焉）況聽訟乎

必尽其辭矣夫聽訟者或從其情或從其辭辭不可從必斷以情書曰人有小罪非眚乃惟終自作不典式爾有厥罪小乃不可不殺乃有大罪非終乃惟眚災適爾既道極厥辜時乃不可殺周書康誥之文眚過也災害也典常也式用也適從也既尽也言人有小罪過誤乃惟終自作不常用犯汝厥罪雖小乃不可不殺也乃有大罪非終乃惟過誤雖有其害從汝尽聽訟之道以極其罪是亦不可殺必以罰宥論焉

曾子問聽獄之術孔子曰其大法有三焉治必以寬寬之之術歸於察夫寬則民慢慢則姦爲生焉故明之以察察之之術歸於義夫察甚則或過乎懸故以義爲質是故聽而不寬是乱也夫聽大亟則失於詳故事之是否乱焉寬而不察是慢也察而不中義是私也私謂刑失其正若私曲然私則民怨故善聽者雖不越辭辭不越情情不越義夫善聽者得辭則審之以情得情則斷之以義書曰上下比罰无僭乱辭周書呂刑之文言上下比方其罪无聽僭辭之乱以自疑書曰哀敬折獄周書呂刑之文言當哀人之所犯而敬斷其獄

仲弓問曰何謂也孔子曰古

之聽訟者察貧窮哀孤獨及鰥寡老弱不肖而无告者雖得其情必哀矜之死者不可生斷者不可屬屬續也若先而刑之謂之悖弱而刑之謂之克不赦過謂之逆皋陶云宥過无大刑故无小是則過雖大可宥為此云不赦過為逆是逆於道矣率過以小罪謂之枳枳一作疻猶傷也夫過則宜宥若率以為小罪亦傷乎義焉況為之大罪耶故宥過赦小罪老弱不受刑先王之道也書曰大辟疑赦周書呂刑之文言大辟死刑疑則亦赦又曰與其殺不辜寧失不經大禹謨之文言寧失不常之罪不在不辜之人書曰若保赤子周書康誥之文言愛民若安嬰孩赤子然不使失其欲子張問曰聽訟可以若此乎孔子曰可哉古之聽訟者惡其意不惡其人言非怒其人但疾其意之有盜害求所以生之不得其所以生乃刑之君必與眾共焉愛民而重弃之也是所謂刑人於市与眾弃之也今之聽訟者不惡其意而惡其人求所以殺是反古之道也蓋以喜怒愛惡而為之刑非反古而何

孟氏之臣叛武伯之家臣武伯問孔子曰如之何荅曰臣人而叛天下

所不容也其狀自反子姑待之如且也三旬果自歸孟氏武伯將執之訪於夫子夫子曰無也予之於㠯禮意不至是以去子夫礼不交則意不通意不通則疑所以生疑生則去矣今其自反罪以反除又何報焉此所謂過而能改善莫大焉故李廣殺降兵世稱其非也子脩禮以待之則㠯去子將安往武伯乃止

記問第一五諸有問焉夫子以法度之言焉之復故目而記之

夫子閒居喟然而嘆喟然大息之声子思再拜請曰孔伋字子思孔子之孫鯉之子年六十二意子孫不脩將忝祖乎忝辱也羨堯舜之道恨不及乎夫子曰尔孺子安知吾志子思對曰伋於進膳亟聞夫子之教其父析薪其子弗克負荷是謂不肖伋每思之所以大恐而不解也夫子忻然笑曰然乎吾无憂矣世不廢業其克昌乎以子思知人恐析薪之憂故所以无憂

子思問於夫子曰為人君者莫不知任賢之逸也而不能用賢何故子曰非不欲也所以官人失能者由於不明

也其君以言爲賞以毀爲罰賢者不居焉言已者賞之毀已者罰之則賢人去而佞人至矣夫人主不可不察焉子思問於夫子曰亟聞夫子之詔詔告也正俗化民之政莫善於礼樂也管子任法以治齊而天下稱仁焉是法与禮樂異用而同功也何必但礼樂哉言益法則已何必但須礼樂子曰堯舜之化百世不輟仁義之風遠也管仲任法身死則法息嚴而寡恩也若管仲之知是以定法材非管仲而專任法終必乱成矣亦猶孟軻所謂非伊尹之心則簒也

子思問於夫子曰物有形類事有真僞必審之奚由子曰由乎心心之精神是謂聖推數究理不以疑心之誠神通則數不能遁周其所察聖人難諸雖聖人猶難别其者可不慎乎

趙簡子簡子晋卿趙文子之孫景叔之子趙鞅也使聘夫子夫子將至焉及河聞鳴犢与竇犨之見殺也迴輿而旋之衛息鄹遂爲操曰或作鳴鐸竇

子二

口

犨文作鸞鳴犢舜華皆晉国之賢大夫也孔子曰趙簡子未得志之時須此二人而後政及已得志殺之夫鳴犢之於不義尚知避
之況乎仁哉乃還息乎陬鄉作陬操以哀之陬亦作鄹也周道衰微禮樂陵遲文武既墜吾
將焉師周徧天下靡邦可依鳳鳥不識珍寶梟鴟言不識鳳鳥而以梟鴟為
珍眷然顧之慘焉心悲巾車命駕將適唐都晉乃唐堯所都之域黃河
洋洋攸攸之魚臨津不濟還轅息鄹傷予道窮哀彼无辜既傷
已之道窮復哀彼二人无辜見殺翱翔于衛復我舊廬從吾所好其樂只且
哀公使以幣如衛迎夫子而卒不能賞魯哀公雖迎之而終不能用故夫子
作丘陵之歌詩稱周道如砥其直如矢言明王之道砥平矢直故昏主之道巇且險若丘陵然故作是歌以託意焉
曰登彼丘陵峛崺其阪山峛崺猶崎嶇相屬也丘陵既高且險其阪又崎嶇而相屬丘陵謂王室阪指諸侯
仁道在邇求之若遠仁道不近人自以為遠而不能求之太平可致而昏主自以為遠遂迷
不復自嬰屯蹇時王諸侯既迷途不不敢我所以嬰此屯蹇喟然迴慮題彼泰山題猶
顧也泰山謂魯也言歷諸国既不所用乃喟然而歎復顧魯而還也鬱確其高梁甫迴連枳棘充

路陟之無緣將伐無柯患茲蔓延惟以永歎涕霣潺湲言頓曾而
還公室既微權而陵大夫亦亂如枳棘之蕭路吾欲伐去之乃无斧柯梁甫泰山下之小山指三桓也
楚王使使奉金幣聘夫子封孔子焉令尹子西諫而止適楚昭王欲以書社地七百里宰予冉
有曰夫子之道於是行矣遂請見問夫子曰太公勤身苦至八
十而遇文王孰与許由之賢堯欲以天下禪許由而許由遁去太公八十乃事文王問二人孰賢
夫子曰許由獨善其身者也太公兼利天下者也然今世无文
王之君也雖有太公孰能識之言今天下无文王楚安能用我乃歌曰大道隱
兮礼為基賢人竄兮將待時天下如一欲何之是時諸侯皆亂吾將何適
叔孫氏之車子曰鉏商樵於野而獲獸焉春秋經哀公十四年西狩獲麟左氏曰西
狩於大野叔孫氏之車子鉏商獲麟与此云樵於野小殊衆莫之識以為不祥弃之五父之衢
衢名也冉有告夫子曰麕身而肉角豈天之妖乎尔雅云麟麕身牛尾一角用毛詩
義疏曰麟馬足黃色圓蹄角端有肉夫子曰今何在吾將觀焉遂往謂其御高

柴曰若求之言其必麟乎到視之果信言偃問曰飛者宗鳳走者宗麟爲其難致也敢問今見其誰應之子曰天子布德將致太平則麟鳳龜龍先爲之祥今周宗將滅天下无主孰爲來哉遂泣曰予之於人猶麟之於獸也麟出而死吾道窮矣乃歌曰

唐虞世兮麟鳳遊今非其時來何求麟兮麟兮我心憂

雜訓第六（諸侯弟子有所請而子思訓之非一理故曰雜焉）

子上雜所習請於子思（孔白字子上子思之子年四十七雜謂諸子百家非聖人之道者）子思曰先人有訓焉学必由聖所以致其材也厲必由砥所以致其刃也故天子之教必始於詩書而終於礼樂雜說不与焉又何請

子思謂子上曰白乎吾嘗深有思而莫之得也於学則寤焉吾嘗企有望而莫之見也登高則覩焉是故雖有本性而加

之以學則无惑矣（性雖誠不加李无以極其道目雖明不從高无以窮其遠）縣子問子思曰（縣子名瑣魯之賢人）吾聞同聲者相好子之先君見子產時則兄事之（子產国僑鄭成公少乃也相鄭為人仁愛事君忠厚孔子嘗過鄭與子產如兄弟）而世謂子產仁愛稱夫子聖人是謂聖道事仁愛乎（世稱子產乃仁愛之人夫子乃聖人然夫子以兄事子產是謂以聖道事仁愛也）吾未諭其人之孰先後也故質於子（言我不審其聖道仁愛之先後故質正於子）子思曰然子之問也昔季孫問子游亦若子之言也（季孫康子魯正卿季御子之孫相子之子名肥）子游答曰以子產之仁愛譬夫子其猶浸水之與膏雨乎（仁愛之惠猶浸水及物自而易知聖道之教猶膏雨濟物普而難睹）康子曰子產死鄭人丈夫舍玦珮婦女舍珠瑱（言丈夫无暇佩其玦婦人无暇飾其瑱）巷哭三月竽瑟不作夫子之死也吾未聞魯人之若是之也奚故哉子游曰夫浸水之所及也則生其所不及則死故民皆知焉（夫物得浸水則生不得則死故民皆易知）膏雨之所生也廣莫大焉民之受賜

也普矣莫識其由來者上德不德是以无德季孫曰善懸子曰其然

孟子車尚幼請見子思（孟子車一作子居即孟軻也蓋軻嘗師子思焉言孟軻嘗居貧坎軻故名曰軻字子居先儒亦稱軻字子輿乃子車之訛耶）子思見之甚悅其志命子上侍坐焉禮敬子車甚崇子上不頗也（不頗言子上不樂子思禮子車之大優也）客退子上請曰白聞士無介不見（古者主有擯客有介諸侯七擯七介大夫五擯五介士三擯三介）女无媒不嫁孟孺子無介而見大人悅而敬之白也未諭敢問子思曰然吾昔從夫子於郯遇程子於途（郯国少昊之後仲尼稱程子為天下之賢士）傾蓋而語終日而別命子路將束帛贈焉以其道同於君子也今孟子車孺子也言稱堯舜性樂仁義世所希有也事之猶可況加敬乎非尔所及也

子思在魯使以書如衛問子上（時子上在衛）子上北面再拜受書伏讀然後與使者宴遂為復書返中庭北面再拜以受使者

旣受書然後退使者還魯問子思曰吾子堂上南面立授臣書事畢送臣子上中庭拜授臣書而不送何也子思曰拜而不送敬也使而送之賓也（言賓則送之今書于父所非敢以賓礼送）

魯人有同姓死而弗弔者人曰在礼當免（言當为免服）不免當弔不弔有司罰之如之何子之无弔也荅曰吾以其疏遠也子思聞之曰無恩之甚也昔者季孫問於夫子曰（季孫季康子肥）百世之宗有絕道乎子曰繼之以姓義无絕也故同姓為宗合族為屬雖国子之尊（国子諸侯卿大夫之子）不廢其親所以崇愛也是以綴之以食序列昭穆万世婚姻不通忠篤之道然也

魯穆公訪於子思曰（穆公魯元公之子名顯）寡人不得嗣先君之業三年矣未知所以為令名者且欲掩先君之惡以揚先君之善使談者有述焉為之若何願先王教之也子思荅曰以伋所聞舜禹之

於其父非勿欲也以爲私情之細不如公義之大故弗敢私之爲耳（言叟鯀死善難以私情虛揚之）責以虛飾之教又非伋所得言（魯自悼公之時已卑於三桓之家故死善名可述矣）公曰思之可以利民者（復問亦有可以利民之事乎）子思曰願有惠百姓之心則莫如一切除非法之事也毀不居之室以賜窮民奪嬖寵之祿以振困匱无令人有悲怨而後世有聞見抑亦可公曰諾

縣子問子思曰顏回問爲邦夫子曰行夏之時若是殷周異正爲非乎（縣子頊言夏以建寅爲正夫子是則商以子丑爲正乃非乎）子思曰夏數得天堯舜之所同也（夏以寅爲正得天數之全故堯舜亦然）殷周之王征伐革命以應乎天因改正朔若云天時之改尒故不相因也（湯武革命所以應天故變其正朔蓋言若受天命然）夫受禪於人者則襲其統（夏因人心之歸以受舜禪故亦因其朔不改）受命於天者則革之所以神其事如天道之變然也三統之義夏

得其正是以夫子云

穆公問於子思曰立太子有常乎荅曰有之在周公之典〔言周典有之〕公曰昔文王舍適而立其次〔文王舍其嫡長伯邑考而立次子武王發〕微子舍孫而立其弟〔微子舍其孫腯而立其弟衍、微仲〕是何法也子思曰殷人質而尊其尊故立弟周人文而親其親故立子亦各其禮也文質不同其禮則異文王舍適立次權也〔以武王賢故用權而立之〕公曰苟得行權豈唯聖人唯賢與愛立也子思曰聖人不以權教〔權者見機而作非可為常教〕故立制垂法順之為貴若必欲犯何有於異〔脫不能順其法違而犯之亦何有異於用權〕公曰舍賢立聖舍愚立賢何如〔言或舍其賢子而立其聖子舍其愚子而立其賢子如何〕子思曰唯聖立聖其文王乎不及文王者則各賢其所愛不殊於適何以限之〔言有不及文王者能推其所愛之賢者而立之亦无殊於立嫡矣〕必不能審賢愚之分請父兄群臣卜於祖廟亦權之可也〔脫不能審其賢愚則於廟卜其吉而立之〕

亦權之義也

孟軻問牧民何先子思曰（軻子思弟子也）先利之曰君子之所以教民亦仁義固所以利之乎子思曰上不仁則下不得其所上不義則樂為乱也此為利大矣故易曰利者義之和也又曰利用安身以崇德也此皆利之大者也（蓋言非財利之利）

居衛第七（子思久去於魯以居于衛中有在齊適宋之言蓋本自衛而往故主衛名篇）

子思居衛言苟变（一作苟变名也衛人）於衛君曰（蓋衛昭公也）其材可將五百乘君任軍旅率得此人則無敵於天下矣衛君曰吾知其材可將然变也嘗為吏賦於民而食人二雞子以故勿用也子思曰夫聖人之官人猶大匠之用木也取其所長弃其所短故杞梓連抱而有數尺之朽良工不弃何也知其所妨者細也卒成不訾之器今君處戰国之世選爪牙之士而以二卵焉弃干城之

將此不可使聞於鄰國者也衛君再拜曰謹受教矣傳說胥靡高宗得之而中興管仲射鉤帶齊桓縱之而霸諸侯陳平盜嫂漢高用之而有天下是皆不以細行棄大材嗚呼世主有以撈缺而棄非常之士者豈非此之謂乎子思適齊齊君之嬖臣美鬚眉立乎側齊君蓋齊平公也齊君指之而笑且言曰假貌可相易寡人不惜此之鬚眉於先生也言假使人貌可以相改易則吾不惜此嬖臣之貌而易與先生子思曰非所願也所願者唯君脩禮義富百姓而伋得寄帑於君之境內帑乃其所資也從繈負之列其肩多矣若無此鬚髯非伋所病也昔堯身脩十尺眉乃八彩彩舜身脩八尺有奇奇餘也言八尺有餘面頷無毛亦聖禹湯文武及周公勤思勞體或折臂望視望視猶若望羊視或禿骭背僂亦聖骭脛骨也不以鬚眉美髯爲稱也人之賢聖在德豈在貌乎且吾性無鬚眉而天下王侯不以此損其敬由是言之伋徒患德之不邵美也不病毛鬢之不茂也

子思謂子上曰有可以爲公之尊而富貴人衆不与焉者非惟志乎（惟志之正則可以踰公侯之尊）成其志者非唯無欲乎夫錦繢紛華所服不過温躰三牲大牢所食不過充腹知以身取節者則知足矣苟知足則不累其志矣（志無所累則可驕王公故顔子之所以樂内也）

曾子謂子思曰昔者吾從夫子巡守於諸侯夫子未嘗失人臣之礼而猶聖道不行今吾觀子有傲世主之心無乃不容乎子思曰時移世異人有宜也當吾先君周制雖毁君臣固位上下相持若一躰然（言夫子時周室雖陵遲然諸侯尚有欲以名尊周者）夫欲行其道不執禮以求之則不能入也今天下諸侯方欲力争競招英雄以自輔翼此乃得士則昌失士則亡之秋也（周自敬王時与子朝争立屢出自敬王崩當元定王時周已大乱諸侯争雄）伋於此時不自高人將下吾不自貴人將賤吾舜禹揖讓湯武用師非故相詭乃各時也（易曰知至〻之可与機也知終〻之可与

存義也此之謂乎其子思在斉〻尹文子尹文子斉大夫有書二卷行於世皆言治道生子不類
怒而杖之告子思曰此非吾子也吾妻殆不婦吾將黜之子思
曰若子之言則堯舜之妃復可疑也此二帝聖者之英而丹朱
商均不及匹夫以是推之豈可類乎然奉其多者有此父斯有
此子道之常也若夫賢父之有愚子此由天道自然言賢父之有賢子乃道之常儻賢父而有愚子蓋由乎天道堯舜是也非子之妻之罪也尹文子曰先生止之
願无言文畱妻矣
孟軻問子思曰堯舜文武之道可力而致乎子思曰彼人也我
人也稱其言履其行夜思之晝行之滋〻焉汲〻焉如農之赴
時商之趨利惡有不至者乎夫子曰我欲仁斯仁至矣此之謂焉
子思謂孟軻曰自大而不脩其所以大不大矣自異而不脩其
所以異不異矣故君子高其行則人莫能階也遠志則人莫能

及也礼接於人人不敢慢辥交於人人不敢侮其唯高遠乎仲尼之所以不自仁聖詩云高山仰止景行行止易曰謙尊而光卑而不可踰豈非此之謂乎

申祥問曰申祥顓孫師之子殷人自契至湯而王周人自弃至武王而王周嚳之後也帝嚳次妃簡狄生契契爲舜命作司徒爲商之祖帝嚳元妃姜嫄生弃弃爲舜命作后稷爲周之祖周人追王大王王季文王大王古公亶父也王季古公之子季歷文王之父也而殷人獨不何也言殷獨不追封其先子思曰文質之異也周人之所追大王王迹起焉又曰文王受命斷虞芮之訟文王斷虞芮之訟以爲受命之年伐崇邦退大夷崇侯虎商時諸侯作乱文王伐之大夷獫狁循夏文王逐之追王大王王季何也子思曰狄人攻大王大王召耆老而問焉曰狄人何來耆老曰欲得菽粟財貨大王曰與之與之至无而狄人不止大王又問耆老耆老曰狄人何欲耆老曰欲土地大王曰與之耆老曰君不爲社稷乎大王曰社稷所以爲民也不可以所爲民亡民也耆老曰君縱不

爲社稷不爲宗廟乎大王曰宗廟者私也不可以吾私害民遂杖策而去過梁山止乎岐下（梁山在扶風西北其南有周原）豳民之束脩奔而從之者（豳在新平漆縣之東）三千乘一止而成三千乘之邑此王道之端也成王於是追而王之王季其子也承其業廣其基焉雖同追王不亦可乎

羊客問子思曰（羊客未詳何許人）古之帝王中分天下使二公治之謂之二伯周自后稷封爲王者後子孫據國至大王王季文王此固世爲諸侯矣焉得爲西伯乎子思曰吾聞諸子夏殷王帝乙之時（帝乙紂之父）王季以功九命作伯（禮九命一命受職再命受服三命受位四命受器五命受則六命受官七命受國八命受牧九命作伯）受珪瓚秬鬯之賜（禮九錫一曰車馬二曰衣服三曰樂器四曰納陛五曰虎賁六曰朱戶七曰斧鉞八曰弓矢九曰圭瓚）故文王因之得專征伐此以諸侯爲伯猶周召之君爲伯也（周召之地在雍州岐山之陽古公亶父避狄自豳始遷於此脩德以建王業故商王帝乙命其

子季歷以為西伯至紂又命文王為西伯蓋商之州長曰伯謂以文王為伯而存西也故文王行化而雍梁荊豫徐楊之人咸被其德而從之故語曰三分天下有其二由肦事殷惟冀青兖一分屬紂矣文王受命作邑于豊而岐陽周召之地已空故分賜周公召公以為采邑施大王王季之化於己所職之国傳記言分陝而治者蓋此也

子思年十六適宋宋大夫樂朔與之言學焉朔曰尚書虞夏數四篇善也數四篇猶言四五篇宋語然下此以訖于秦費効堯舜之言耳殊不如也言秦誓費誓但効堯典舜典之言而殊不如子思荅曰事変有極正自當耳假令周公堯舜更時易處其書周矣言借使堯舜當周公時其二典亦如周書也樂朔曰凡書之作欲以喻民也簡易為上而乃故作難知之辭不亦繁乎子思曰書之意兼複深奧訓詁成義古人所以為典雅也昔魯委巷亦有似君之言者言魯國委巷閭閻中人亦有如君之言仍荅之曰道為知者傳苟非其人道不貴矣今君何似之甚也樂朔不悅而退曰孺子辱吾其徒曰其徒樂朔之徒御者此雖以宋為舊然世有讎焉

請攻之遂圍子思宋君聞之駕而救子思子思既免曰文王死於牖里作周易祖君屈於陳蔡作春秋吾困於宋可無作乎於是撰中庸之書四十九篇作中庸凡四十九篇以述聖祖之業授弟子孟軻之徒數百人礼記中庸篇乃其略也

孔叢子卷第二

孔叢子卷第三

臣咸注

巡守第八

（莊伯之問不及他義獨明巡守故專其目）

子思遊齊陳莊伯（莊伯齊大夫）與登泰山而觀見古天子巡守之銘焉（諸侯爲天子守土故稱守巡謂巡行之王者受命必封禪泰山天以高爲尊地以厚爲德故增封泰山之高以報天壇禪梁甫之厚以報地皆刻石紀號著己之績古如此者七十二君除地爲壇曰墠以其祭神故從示）陳子曰我生獨不及帝王封禪之世子思曰子不欲爾今周室卑微諸侯無霸假以齊之衆義鄰國以輔文武子孫之有德者（言以義結鄰國）則齊桓晉文之事不足言也陳子曰非不悅斯道力不堪也子聖人之後吾願有聞焉敢問昔聖帝明王巡守之禮可得聞乎子思曰凡求聞者爲求行之也今子自計必不能行欲聞何爲陳子曰吾雖不敏亦樂先王之道於子何病而不吾告也子思乃告之曰古者天子

將巡守必先告於祖禰命史告群廟及社稷圻內名山大川（圻內境內也）告者七日而徧親告用牲史告用幣（親告用牲亦作幣史告惟用幣而已）申命冢宰而後道而出或以遷廟之主行載于齊車每舍奠焉（舍讀為釋）及所經五岳四瀆皆有牲幣歲二月東巡守至于岱宗柴于上帝（燔柴祀上帝以告至）望秩于山川（九代山嶽境內山川皆如秩序望祭之）所過諸侯各待于境（所過之國其國君皆於境上迎待）天子先問百年者所在而親見之（問老人以求民所疾苦）然後覲方岳之諸侯有功德者則發爵賜服以順陽義無功者則削黜貶退以順陰義（賞以春夏故為賜之義刑之秋冬故為陰之義）命史采民詩謡以觀其風命市納賈察民之所好惡以知其志（賈讀為價言以物貴賤之直察其民好惡知其奢儉之志蓋儉則用物貴奢則侈物貴也）命典禮正制度均量衡考衣服之等協時月日辰（四時之氣節月之大小日之甲乙辰之次序度之長短量之等平衡之輕重衣服之奇衺皆命典礼以均正協同之）入其疆遺老失賢掊克在位則君免（掊克猶苛克）山川社稷

有不親舉土荒民遊爲無教無教者則君退民淫僭上爲無法無法者則君貶入其疆土地闢辟養老尊賢俊傑在位則君有慶遂南巡五月至于南岳又西巡八月至于西岳又北巡十有一月至于北岳其礼皆如岱宗歸反舍于外次舍于外次未敢入其宮三日齊親告于祖禰用特命有司告群廟社稷及圻內名山大川而後入聽朝此古者明王巡守之礼也陳子曰諸侯朝乎天子盟會霸主則亦告宗廟山川乎問諸侯朝天子而与伯主盟會則亦告宗廟山川乎子思曰告哉陳子曰王者巡守不及四岳諸侯盟會不越鄰国則其礼同乎異乎子思曰天子封圻千里公侯百里伯七十里子男五十里虞夏殷周之常制也其或出此封者則其礼與巡守朝會無變言出此千里百里七十里五十里之封則与巡守礼同故曰无变其不越封境雖行如國不出封則如在国儀陳子曰古之義也吾今而後知不學者淺之爲人也

言不容則其淺鄙之人无所知曉

公儀第九（魯穆国君公儀高人方論於是而以僭專其篇乃知千乘之貴常詘於道矣）

魯人有公儀僭者（數本皆作潛詳其行已疑其公儀休之昆弟）砥節勵行樂道好古恬於榮利不事諸侯子思與之友穆公因子思欲以其為相（魯穆公欲假子思召僭其相）謂子思曰公儀子必輔寡人參分魯國而與之一子其言之子思對曰如君之言則公儀子愈所以不至也君若饑渴待賢納用其謀雖蔬食水飲伋亦願在下風今徒以高官厚祿釣餌君子無信用之意公儀子之智若魚鳥可也不然則彼將終身不躡乎君子庭矣且臣不佞又不任其君操竿下釣以傷守節之士也（言君徒以高官厚祿魚待公儀子臣不任其君執釣以傷公儀子）

閭丘溫見田氏將必危齊欲以其邑叛而適魯（溫齊大夫也晏孺子元年田乞與鮑牧以攻逐高昭子國惠子而殺孺子）穆公聞之謂子思曰子能懷之則寡人

割邑如其邑以償子欲割邑如溫之邑以償子思子思曰伋雖能之義所不爲也公曰何子思對曰彼爲人臣君將顛弗能扶而叛之逆臣制國弗能以其衆死而逃之此罪誅之人也伋縱不能討而又要利以召姦非忍行也言要邑之利以召溫之姦不忍行之

穆公問子思曰吾聞龐欄氏子龐欄氏魯人不孝其行何如對曰臣聞明君之爲政尊賢以崇德舉善以勸民則四封之内孰敢不化若夫過行過行猶遺行是細人所識不治其本而問其過臣不知所以也公曰善

穆公謂子思曰子之書所記夫子之言或者以謂子之辭也子思曰臣所記臣祖之言或親聞之者有聞之於人者雖非正其辭然猶不失其意焉言聞之於人雖非夫子當時之正辭然亦得其意且君之所疑者何公曰於事無非子思曰無非所以得臣祖之意也就如君言

以為臣之辭臣之辭無非則亦所宜貴矣事既不然又何疑焉
穆公謂子思曰縣子縣子瑣也言子之為善不欲人譽己信乎子思
對曰非臣之情也臣之修善欲人知之知之而譽臣是臣之為
善有勸也此所願而不可得者也若臣之脩善而人莫知莫知
則必毀臣是臣之為善而受毀也此臣所不願而不可避者也
若夫雞鳴為善孳孳以至夜半而曰不欲人之知恐人之譽己臣
以謂斯人也若非虛則愚也夫君子疾沒世而名不稱儻脩善而不欲人之知則後世何述焉故非詐則愚也
胡毋豹豹魯人謂子思曰子好大世莫能容子也盍亦隨時乎子
思曰大非所病所病不大也凡所以求容於世為行道也毀道
以求容何行焉大不見容命也毀大而求容罪也吾弗改矣
子思居貧其友有饋之粟者受一車焉或獻酒束脩子思
弗為當也或曰子取人粟而辭吾酒脯是辭少而取多也於

義則無名於分則不全（於交礎之分則不全）而子行之何也子思曰然伋不幸而貧於財至乃困乏將恐絕先人之祀夫以受粟爲周乏也酒脯則所以飲宴也方乏於食而乃飲宴非義也吾豈以爲分哉度義而行也或者憎其酒脯以歸

穆公問子思曰吾國可以平乎子思曰可公曰爲之柰何對曰苟君與大夫慕周公伯禽之治行其政化開公家之惠杜私門之利結恩百姓脩禮鄰國其興也勃矣子思曰吾之富貴甚易而由勿能夫不取於人謂之富不辱於人謂之貴不取不辱其於富貴庶矣哉（能知其足則不取於人何富如之能守於道則不辱於人何貴如之）

抗志第十

（夫帝王之盛而未嘗能屈於道故志意脩則可驕於王侯是篇皆子思抗志之言大君子宜範焉）

曾申（申曾參之子）謂子思曰屈己以伸道乎抗志以貧賤乎子思曰道伸吾所願也今天下王侯其孰能哉与屈己以富貴不若抗

志以貧賤屈已則制於人抗志則不愧於道言雖試屈已以申其道然當時王侯无能者故不善抗志以貧賤也

子思居衛衛人釣於河得鰥魚焉其大盈車子思問之曰鰥魚之難得者也子思何得之對曰吾始下釣垂一魴之餌鰥過而勿視也更以豚之半體則吞之矣子思喟然曰鰥魚雖難得貪以死餌士雖懷道貪以死祿矣故邦无道富且貴仲尼之所恥也

子思居衛魯穆公卒縣子使乎衛聞喪而服謂子思曰子雖未臣魯父母之國也先君宗廟在焉奈何弗服子思曰吾豈愛乎禮不得也縣子曰請問之答曰臣而去國君不掃其宗廟則為之服寄公寓乎是國而為國服吾既无列於魯不掃其宗廟尚存其祭祀則為之服而祭在衛吾何服哉是寄臣而服所寄之君則舊君无服明不二君之義也言寄臣於衛而為魯君服是有二君矣

縣子曰善哉我未之思也我未之思也

衛君言計非是而羣臣和者如出一口（言計雖非而和者皆是之）子思曰以吾觀所為君不君臣不臣者也（言君能從諫則可以謂之臣）公丘懿子曰（懿子衛大夫）何乃若是子思曰人主自臧（臧善也）則衆謀不進事是而臧之猶却衆謀況和非以長乎（言事是而自善尚却去衆謀況更和其非日長而无已乎）夫不察事之是非而悦人之讚己闇莫甚焉不度理之所在而阿諛求容諂莫甚焉君闇臣諂以居百姓之上民弗與也若此不已國無類矣（言国當亡无遺類矣）子思謂衛君曰君之國事將日非矣（言国之事當日日非壞）君曰何故荅曰有由然焉君出言皆自以為是而卿大夫莫敢矯其非卿大夫出言亦皆自以為是而士庶莫敢矯其非君臣既自賢矣而羣下同聲賢之賢之則順而有福矯之則逆而有禍故使如此（夫復諫之于後君之臣視此足以自戒而懼焉）如此則善安從生詩

云具曰予聖誰知烏之雌雄抑亦似衛之君臣乎小雅正月刺幽王之詩詰君闇臣愚知烏之雌雄相類无以別而知之

衛君問子思曰蓋衛敬公也寡人之政何如答曰無非无非无自下皆諂无敢非君之政者君曰寡人不知其不肖亦望其如此也子思曰希旨容媚則君親之中正弼非則君疏之夫能使人富貴貧賤者君也在朝之士孰肯舍所以見親而取其所以見疏乎是故竟求射君之心射度君之所爲而誤之而莫有非君之非者此臣所謂无非也公曰然乎寡人之過也今知改矣答曰君弗能焉口順而心不懌者臨其事必疵言口雖順而心不悅者於事必有所疵病而不從君雖有命臣未敢受也

司徒文子文子衛之司徒改葬其叔父問服於子思子思曰礼父母改葬緦既葬而除不忍無服送至親也假其緦以改葬之詭而除言不俟三月也非父母無服無服則弔而加麻非父母无服則其叔父加麻矣文子曰喪服既除然後乃葬

則其服何服言踰三年而不葬當何服答曰三年之喪未葬服不變除何有焉言父母之喪未葬則衰不變何除之有焉期大功之喪服其所除之服以葬既葬而除之其虞也吉服以行事也言大功未葬則以所除之服葬之既而除其虞祭則以吉服行之

公叔木衛公叔文子之子定公十四年奔魯或為朱春秋作戍謂申祥曰吾於子思親而敬之子思未吾察也申祥以告曰人求親敬於子子何辱焉子思答曰義也申祥曰請聞之答曰公叔氏之子愛人之同已慢而不知賢人同已則愛之不能知賢而敬之夫其親敬非心見吾所可親敬也以人口而親敬吾則亦以人口而疏慢吾矣言人之口譽我則親敬我人之口毀我則必遠而慢我非其心知我可敬而敬我也申祥曰其不知賢奈何答曰有龍穆者孟子稱龍子曰不知足而為屨我知其不為蕢也趙岐曰龍子古之賢人臣咸疑龍子即穆也詳其為屨不為蕢之言止一辯士而已與子思所謂好飾辞說義頗協故不當為古之賢人蓋見孟子稱之謂為賢人孟軻亦舉易牙為知味又得左賢人耶所舉但取其近事尔徒好飾弄辞說觀於坐席相人眉睫以為之意天下之淺人也

而公叔子交之橋子良子良衛賢人修實而不修名爲善不爲人之知巳不撞不發如大鍾然天下之深人也而公叔子與之同邑而弗能知此其所以爲愛同巳而不知賢也

子思自齊反衛衛君館而問曰當衛敬公時先生魯國之士然不以衛之褊小猶步玉趾而慰存之願有賜於寡人也賜謂以教誨之言爲賜子思曰臣羇旅於此而辱君之威尊亟臨蓽門其榮多矣欲報君以財幣則君之府藏已盈而伋又貧欲報君以善言恐未合君志而徒言不聽也顧未有可以報君者惟達賢爾衛君曰賢則固寡人之所願也子思曰未審君之願將何以爲言未審君以何爲賢君曰必用以治政子思曰君弗能也言君必不能用爲政之賢君曰何故答曰衛國非無賢才之士而君未有善政是賢才不見用故也君曰雖然願聞先生所以爲賢者答曰君將以名取士耶以

實取士耶君曰必以實子思曰衛之東境有李音者賢而有實者也君曰其父祖何也答曰世農夫也衛君乃盧胡大笑曰盧胡笑之貌寡人不好農農夫之子無所用之且世臣之子未悉官之世臣之子謂卿大夫之子子思曰臣稱李音稱其賢才也周公大聖康叔大賢今魯衛之君未必皆同其祖考魯周公之後衛康叔之後然魯衛之君未必皆如其祖考之聖之賢李音父祖雖善農則音亦未必與之同也君言世臣之子未悉官之則臣所謂有賢才而不見用果信矣臣之問君固疑君取士不以實也今君不問李音之所以為賢才而聞其世農夫因笑而不受則君取士果信名而不由實者也衛君屈而无辭

衛君曰夫道大而難明非吾所能也今欲學術何如以聖人之道大而難明歟學權詐之術子思曰君無然也體道者逸而不窮任術者勞而无功古之篤道君子生不足以喜之利何足以動之死不足以禁之

害何足以怨之（生尚不足喜何利能動死尚不足禁何害能怨禁或作懼怨或作忌）故明於死生之分通於利害之变雖以天下易其脛毛無所槩於志矣（天下至大脛毛至微尚不以易之而動量其志一本作脛一毛）是以与聖人居使窮士忘其貧賤使王公簡其富貴君無然也衛君曰善

齊王謂子思曰（蓋齊簡公也）今天下擾擾諸侯無伯吾国大人衆圖帝何如子思曰不可也君不能去君貪利之心王曰何害子思曰夫水之性清而土壤汨之（汨乱也）人之性安而嗜欲乱之故能有天下者必无以天下為者也能有名譽者必无以名譽為者也達此則其利心外矣（言无驕之之心則天下与名譽全）

衛將軍文子之內子死（文子名弥牟司寇惠子叔蘭之兄也卿之妻曰內子）復者曰皐媚女復（招魂曰復礼人之死升屋而号告曰皐某復皐美之稱此其內子故曰媚女復）子思聞之曰此女氏之字非夫氏之名也婦人於夫氏以姓氏稱礼也（婦人以夫氏猶許妻穆妾蔡姬之云）

費子陽（魯大夫之家臣）謂子思曰吾念周室將滅泣涕不可禁也子思曰然此亦子之善意也夫能以智知可知而不能以智知未可知危之道也今以一人之身憂世之不治而泣涕不禁是憂河水之濁而以泣清之也其為無益莫大焉故微子去殷紀季入齊良知時也（微子啓商帝乙之首子紂之庶兄以紂淫亂數諫不聽終不可救遂歸周武王封于宋魯莊公三年紀季以酅入于齊為附庸之君附屬齊國酅紀邑季紀侯之弟初齊侯鄭伯詐朝于紀欲以襲之紀人大懼謀難於魯請王命以求成于齊公告不能齊遂偪之迁其三邑国有旦夕之危而不能自入為附庸故分季以酅使請事于齊紀侯大去之後季為附庸先祀不廢社稷有奉季之力也故書字不書名書入不書叛也夫附庸之君雖无爵命而分地建国為南面之主得立宗廟守祭祀）唯能不憂世之亂而患身之不治者可與言道矣（世乱則非已所能支身不治則亡可及）

齊王戮其臣不辜謂子思曰吾知其不辜而適觸吾忿故戮之以為不足傷義也子思曰文王葬枯骨而天下知仁商紂斬朝涉而天下稱暴夫義者不必徧利天下也暴者不必盡虐海內

也以其所施而觀其意民乃去就焉今君因心之忿近戮不辜以爲無傷於義此非臣之所敢知也王曰寡人實過乃今聞命請改之衛公子交見於子思曰先生聖人之後執清高之操天下之君子莫不服先生之大名也交雖不敏切慕下風願師先生之行幸顧䘏之欲師其所謂清高之行子思曰公子不宜也夫清高之節不以私自累不以利煩意擇天下之至道行天下之正路今公子紹康叔之緒處戰伐之世當務收英雄保其疆土非所以明否藏立規檢脩匹夫之行之時也言清高之節乃匹夫之事非公子所行蓋子思謙辭之語

衛公子交饋馬四乘於子思曰交不敢以此求先生之歡而辱先生之潔也先生久降於鄙土蓋爲賓主之餼焉子思曰伋寄命以來度身以服衛之衣量腹以食衛之粟矣且又朝夕受酒脯及祭膳之賜衣食已優意氣已定以無行志未敢當車馬

之貺（言已已安居於衛无行志故无以當乘馬之賜）禮雖有爵賜人子不踰父兄（礼人子三賜不及車馬故至有爵賜人不踰父兄也）今重違公子之盛旨則有陷禮之僭焉若何（若言重違盛意而受之則有陷礼之過）公子曰吾已言於君矣答曰不可爲人子者三賜不及車馬公子曰我未之聞也謹受教

穆公欲相子思（魯穆公欲以子思爲相）子思不願將去魯魯君曰天下之王亦猶寡人也去將安之子思答曰蓋聞君子猶鳥也疑之則舉今君既疑矣又以己限天下之君臣切爲言之過也（又億度天下之君臣皆如己是言之過）

齊王謂子思曰先生名高於海內吐言則天下之士莫不屬耳目今寡人欲相梁起起也名少（名少言无所聞）願先談說之也（欲子思談說以文言之）子思曰天下之士所以屬耳目者欲伋之言是非當也今君使伋虛談於起則天下之士必改耳目矣耳目既改又無益於起

是兩有喪也故不敢承命齊君曰起之不賢何也子思曰君豈未之知乎厚於財色必薄於德自然之道也今起以貪成富聞於諸侯而無限施之惠焉以好色聞于齊国而無男女之別焉有一於此猶受其咎而起二之能無累乎主曰寡人之言實過願先生赦焉

子思見老萊子老萊子楚人也耕于蒙山楚王嘗聘之不起孝子傳稱老萊子至孝奉二親行年七十著五彩斕褊衣弄烏烏於親側著書十五篇言道家之用與孔子同時老萊子聞穆公將相子思周魯穆公將以子思為相老萊子曰若子事君將何以為乎子思曰順吾性情以道輔之無死亡焉老萊子曰不可順子之性也子性剛而傲不肖且又無所死亡非人臣也子思曰不肖故人之所傲也周公下白屋仲尼進互鄉出益傲夫不肖益老萊无意生雲惟沖默自柔縱子思矯之有所激之而去尔夫事君道行言聽則何所死亡道不行言不聽則亦不能事君所謂無死亡也使遁

行言聽則出治主立入門無所死亡矣不亦鄙哉飛直其何死亡之有

老萊子曰子不見夫齒乎雖堅剛卒盡相摩舌柔順終以不弊子思曰吾不能為舌故不能事君魯受齊樂夫子遂行蓋亦不能為舌尔

小爾雅第十一

經傳字義有所未暢繹而言之於尔雅為小焉

廣詁第一

淵懿邃賾深也法言曰文王淵懿淵深也懿美也封巨莫奔艾祁大也封豕莫府祈祈皆言大也文亦為大也頒賦鋪敷布也蓋戴壽詩蒙冒覆也鍾崇府最積灌聚撲叢也詩集于灌木言叢木也棫樸鄭箋云白桵相樸屬而生亦叢義也餘皆叢皃閱搜㢮庀具也攻為詁相句宰營匠治也詁句未詳餘皆常意蠲祓禋㢮潔也吉蠲為饎祓其不祥禋于六宗皆言絜尒也勿蔑微曼末沒無也隆巢岸峻高也巢取其巢居之高也逼尼附切局鄰傅戚近也書謂鄰哉未可以戚我先王皆言近也邵媚旨伐美也法言云文王之邵詩旨酒皆言美也賢亯不敏繁優饒夥多也幾蔡模臬法也小戒者動之微亦可為

法祭取著于龜義亦法也爰變貿交更易也爰亦爲於也徂造奏詣進也索寒

探裒鈎掠採略也開徹接通達也固歷弥宿舊尚久也弥愈滋

弥強益也赫戮奭曉昕著讚曙明也戮讚未詳皆附襲就因也封

畛際限疆略界也承第班列次也户厶校格扈止也户取其閡礙後取其改亦皆止之義幽曀闇昧冥也最凡目質要也疆窮究竟也而乃爾若

汝也控彎挽引也承贊亮助佐也尋由以用也要捷集載成也

肄赴捷疾也造之如適也撥督撫拾也肄子燼餘也拓斥啓闢

開也杜實充牣塞也實貫牣滿也將率厲勸也勸勉事力也經營

省過也闕缺間隙也迭遞交更也熸戮沒滅也玄黮黸黝黑

也縞皓素白也彤騂赬緼赤也滛溢沉滅沒也載功物事也

廣言第二

晏明陽也旰晏晚也筭麗數也麗取其數各有所麗著也叜艾老也僉

皆同也交校報也犯而不校言報也舒布展也揚者舉也索略求也徦
十得也奚害何也詩害澣害否蓋言何也里度居也周浹匝也充該備也
列敶陳也詳郾末轊輈輿也䟫措置也駕乘淩也收戢斂也棊録
也掌司主也偏贅屬也麗著思也載略行也沓襲合也抵亭
當也庚償道也脩矜長也校戟交也謁復白也勑質正也蔑箋
末也延衍散也末沒終也仳辨別也菲京薄也復旋還也祖翼
送也走卬伐也姓命孳子也姓礼所謂子姓命詳詡龥和也撥寤覓也
撼猜恨也艾盡止也撊忿也左氏傳云今勅亭撊然奸犯也汩猾乱也縮
續抽也暨捷及也苞跋本也礼燭跋易苞桑皆言本也肆臬極也睹題視也
犯肆突也束縻縛也肆從逐也放投弃也莽蕪草也暴曝曬也
焮也左氏傳曰司馬司寇列居于道行火所焮睎烯乾也烯一作炵迪跡蹈也衍演廣也
袤從長也荷揭擔也仍再也徇歸也工官也稽考也顛殞也躋

陛也戕殘也勦截也辟除也慁患也謫責也間非也（人无間言蓋非之謂）
也順退也抗禦也靳取也䖍戲也褊狹也惎忌也（左氏傳曰趙襄子由
知伯）是惎沮疑也虧損也毀壞也判散也蔽斷也（書云惟先蔽志周礼亦出）
交俱也俘罰也夷傷也栽害也（一作扶）締閉也靡細也辨使也牧
臨也嘗試也賴贏也若乃也嗟發聲也奏為也振拯也庸償
也賈價也贍足也曹耦也麗兩也（亦作儷）驟數也逞快也越遠也
姑且也哿可也釋解也庸善也存重也登升也勵勉也赫顯
也韙是也不莊也佞才也暨息也（大雅曰不解于位民之攸暨）詁善也愿謹
也丰豐也都盛也（史稱甚都言盛也）腆厚也肆緩也竟逐也紀基也惎
心教也（亦作惎）憖願也憖強也（詩小雅云不憖遺一老憖者心不欲自強之辭）憖且也薄
迫也燀炊也（左氏傳曰燀之以薪）資取也（亦作質）信也餽饋也憑依也藉借
也際接也裹外也閾限也廬寄也萃集也遴倅也尨怪也晉

慸也素、空也素、故也覗此也偟往也紾、措也徂狀也覬望也何
任也御侍也殿填也填一作 選擇也宣示也

廣訓第三

諸之乎也諸之乎也旃之也旃焉也惡乎於何也烏乎吁嗟也
吁嗟鳴呼也有所歎羨有所傷痛隨事有義也無念念也無
寧寧也照斷斷也不承承也不肖不似也繩之繩之譽之也詰朝明
旦也遐不黃耇言壽考也公孫碩膚德音不瑕道成王大美
鄂稱矣也碩大膚美也不瑕言成王不可疵瑕 鄂不韡韡言韡韡也鄂鄂言常棣之華鄂鄂得華之韡韡
㬎㬎光明也 我從事獨賢勞事獨多也魴鱮甫甫訏訏大也麀鹿
麌麌語衆也牝麀曰麀麌麌言衆多也 海物維錯錯雜也雜毛曰毳雜
彩曰繪雜言曰咤

廣義第四

凡无妻无夫通謂之寡寡夫曰煢寡婦曰嫠𡚱婦之賤者謂之屬婦屬逮也逮婦之名言其微也非分而得謂之幸言責以辟謂之讓男女不以禮交謂之淫上淫曰烝下淫曰報旁淫曰通不直失節謂之慙慙愧也面慙曰戁心慙曰恧躰慙曰逡一本作埈

廣名第五

諱死謂之大行死而復生謂之大蘇疾甚謂之阽阽猶言阽危也請天子命曰未可以戚先生書云未可以戚我先王戚近也請諸侯命曰未可以近先君請大夫命曰未可以從先子空棺謂之櫬有屍謂之柩鑚𥓖者謂之賵衣服謂之襚埋柩謂之殔殔坎謂之淮壙謂之窀窆下棺謂之窆填窀謂之封窆家也壟塋也無主之鬼謂之殤言夭其死猶長殤下殤之人

廣服第六

治絲曰織織繒也麻紵葛曰布布通名也纀綿也紫之細者曰

纊繒之精者曰縞縞之麤者曰素葛之精者曰絺麤者曰綌在

首謂之元服弁髦太古布冠冠而敝之者也題由也題頭也額頭也曰可以也

頭顛顏顙額也笄謂之卯紋謂之綏襜褕謂之童容襜褕方言云蔽膝又曰

童容布褐而紩之謂之襤褸紩縫也漢晉人呼縫衣為紩方言云楚謂凡人貧衣破醜敝為藍縷謂敝衣也

言其縷破藍藍然袴謂之褰蔽膝謂之袡帗帉之垂者謂之幭幭傍人帨巾也大

巾謂之幕䍥幭帳謂之幄幄幕也笲貝狀第也大扇謂之翣翣扇謂

之挺史有白挺䤕謂之銳鈴鑼乃篇名義亦作鑰綦屬謂之爽在足謂之屨履

尊者曰達屨謂之金舃而金約也禮黑屨青約赤舃黑約約之言拘也以為行戒狀如刀衣鼻在屨頭

廣器第七

射有張布謂之侯凡侯天子熊侯諸侯麋侯卿大夫布侯言布侯者謂不采其地直於布上正面畫虎豹頭而已

侯中者謂之鵠鵠中者謂之正正方二尺凡畫采謂之正棲皮謂之鵠方制獸皮帖於侯中如鳥之棲木也畫五色於侯中為正皆以朱方二尺次以白以蒼以黃以玄正中者謂之槷槷方六寸棘戟也鍼鉞斧也干瞂盾也戈句孑戟也鄭康成周禮注釋戈今句孑戟刃之削謂之室室謂之鞞鞛珌鞞之飾也鞞佩刀削上飾鞛下飾鞛亦作琫矢服謂之箙小船謂之艇艇之小者曰艄舩頭謂之舳尾謂之艫楫謂之橈車轅上者謂之轙轅謂之輞軫謂之枕較謂之幹幹與軨同橫木載兩輢上出式者亦作轛衡扼也振上者謂之烏啄纍綆繘也綯索也大者謂之索小者謂之繩詘而合之之蔦綍縩而紾之之蔦索綍一作縴縩亦作緣也縩繚縩縩結然墉城垣也墉墻謂之陴左氏傳授兵登陴高平謂之太原坻隘也左氏傳殺仲殺婡糾尸諸周氏之汪水之北謂之汭澤之廣者謂之衍

廣物第八

藁謂之稈稈謂之芻生曰穀謂之粒菜謂之蔬禾穗謂之穎

截穎謂之銍拔心曰揠（刈禾鎌曰銍揠猶宋人揠苗之揠）拔根曰擢把謂之秉秉四曰筥筥十曰稯（秉猶握也筥稯乃多少之差）穛實謂之稾稾之實謂之萁秣之實謂之橡

廣鳥第九

去陰就陽者謂之陽烏鴆鷹是也絕黑而反哺者謂之烏小而腹下白不反哺者謂之鴉烏白項而群飛者謂之燕烏白脰烏也雅烏鸒烏也（鸒斯也亦曰鵯鶋江東烏白鴨烏）

廣獸第十

豕䝟也䝟豬也其子曰豚豕之大者謂之豣小者謂之豵（豵長以豣為豕一歲曰豵三歲曰豣与比大小異）鳥之所乳謂之巢雞雉所乳謂之窠鹿之所息謂之潛（潛槮也積柴水中而魚舍焉）啓跬一舉足也倍跬謂之步（司馬法六尺倍跬乃其略為步）四尺謂之仞（包咸以為七尺）

曰仞古此咪倍仞謂之尋，尋舒兩肱也。倍尋謂之常，五尺謂之墨，倍墨謂之丈，倍丈謂之端，倍端謂之兩，倍兩謂之疋，疋有謂之束。礼玄纁五兩以兩為束蓋每束兩兩卷之二丈文雙合則成疋凡十卷為五束以應天九地十之數与此制異焉

量

一手之盛謂之溢，溢滿也謂滿一手云尔兩手謂之掬，一升也。掬四謂之豆，豆四謂之區，區四謂之釜，昔齊國舊量乃豆區釜鍾也四升為豆四豆為區〻斗六升也四區為釜〻六斗四升也釜十為鍾〻六斛四斗也齊陳氏以五升為豆五豆為區〻五區為釜〻亦釜十為鍾今此豆區釜与齊舊量同釜二有半謂之藪，凡一斛六斗藪一作籔藪二有半謂之缶，凡四斛二缶謂之鍾，鍾凡八斛二鍾謂之秉，秉十六斛。所融亦以十六斛為秉

衡

二十四銖曰兩，黃鍾之龠容千二百黍重十二銖兩之為兩故二十四銖為兩兩有半曰捷，倍捷曰舉，倍舉曰鋝，鋝謂之鍰，舉三兩鋝六兩故六兩為鍰二鍰四兩謂之斤，斤十謂之衡，衡有半謂之秤，秤十五斤秤二謂之鈞，鈞三十斤鈞四謂之石，石四謂之鼓。

孔叢子卷第三

孔叢子卷第四

宋咸　注

公孫龍第十二公孫龍辯因是而破名書于題所以顯子高之正論

公孫龍者平原君之客也平原君趙勝趙惠文王之弟最賢喜賓客相惠文王及孝成王三去相三復位封於東武城公孫龍喜爲堅白之辯平原君甞厚待之及鄒衍過趙言至道乃絀公孫龍好刑名以白馬爲非白馬龍之言凡曰馬而已何獨以白爲哉曰以白馬爲非白馬或謂子高曰子高孔穿字孔箕之子及之玄孫年五十一嘗書瀾也言士無稱此人小辯而毀大道以白馬爲非白馬是猶以小人爲非小人元乃毀道之甚子盍往正諸子高曰大道之悖天下之交往也吾何病焉言既悖大道則天下當同往而正之或曰雖然子爲天下故往也子高適趙與龍會平原君家謂之曰僕居魯遂聞下風而高先生之行也願受業之日久矣然所不取於先生者獨不取先生以白馬爲非白馬爾誠去非白馬之學則穿請爲弟子公孫龍曰先生之言悖也龍之

學正以白馬非白馬者也今使龍去之則龍無以教矣今龍爲無以教而乃學於龍不亦悖乎且夫學於龍者以智與學不逮也今教龍去白馬非白馬是失教也而後師之不可也先生之所教龍者似齊王之問尹文也（尹文齊大夫）齊王曰寡人甚好士而齊國無士尹文曰今有人於此事君則忠事親則孝交友則信處鄉則順有此四行者可謂士乎王曰善是真吾所謂士者也尹文曰王得此人肯以爲臣乎王曰所願不可得也尹文曰使此人於廣庭大衆之中見侮而不敢鬭王將以爲臣乎王曰夫士也見侮而不鬭是辱則寡人不以爲臣矣尹文曰雖見侮而不鬭是未失所以爲士也然而王不以爲臣則鄉（鄉讀爲嚮明之嚮）所謂士者乃非士乎夫王之令殺人者死傷人者刑民有畏王令故見侮終不敢鬭是全王之法也而王不以爲臣是罰之

也而王以不敢鬬爲辱必以敢鬬爲榮是王之所賞吏之所罰也言敢鬬則吏當罰而王反賞之上之所是法之所非也言鬬則法所非而反爲上所是賞罰是非相與曲謬雖十黃帝固所不能治也言雖以十人黃帝亦不能治齊王無以應

且白馬非白馬者乃子先君仲尼之所取也龍強以仲尼去楚人言人而与己辛義同龍聞楚王張繁弱之弓載忘歸之矢以射蛟兕於雲夢之圃去步楚學反而喪其弓左右請求之王曰止也楚人遺弓楚人得之又何求乎仲尼聞之曰楚王仁義而未遂亦曰人得之而已矣何必楚乎若是者仲尼異楚人於所謂人也夫是仲尼之異楚人於所謂人而非龍之異白馬於所謂馬悖也先生好儒術而非仲尼之所取也以仲尼異楚人於所謂人而同已異白馬於所謂馬是小辯矣欲學而使龍去所以教雖百龍之智固不能當前也言雖一百公孫龍不能當子高莫之應退而告人曰言非而博巧而不理此固吾所不答也異日平原君會

衆賓而延子高平原君曰先生聖人之後也不遠千里來顧臨之欲去夫公孫子白馬之學今是非未分而先生翻然欲高逝可乎子高曰理之至精者則自明之豈任穿之退哉平原君曰至精之說可得聞乎答曰其說皆取之經傳不敢以意（言不敢以己意辨）春秋記六鷁退飛覩之則六察之則鷁猶馬也六猶白也覩之則見其白察之則知其馬色以名別內由外顯謂之白馬名實當矣（言鷁之不可去六猶馬之不可去白也）若以絲麻加之女功爲緇素青黃色名雖殊其質故一是以詩有素絲不曰絲素禮有緇布不曰布緇玂牛玄武此類甚衆先舉其色後名其質萬物之所同聖賢之所常也（舉色名質聖賢所同白馬去白龍非白類）君子之謂貴當物理不貴繁辭若尹文之折齊王之所言與其法錯故也穿之所說於公孫子高其智悅其行也去白馬之說智行固存是則穿未失其所師

者也稱此云云沒其理矣稱此云云猶言者以白馬為非白馬云云者則於理蔑矣是楚王之言楚人亡弓楚人得之先君夫子探其本意欲以示廣其實狹之故曰不如亦曰人得之而已也言楚王云楚人得之欲示其廣反乃狹之不若云人得之人是則異楚王之所謂楚非異楚王之所謂人也以此為喻乃相擊切矣凡言人者總謂人也亦猶言馬者總謂馬也楚自國也白自色也欲廣其人宜在去楚欲正名色不宜去白誠察此理則公孫之辯破矣去楚則義亂去白則物紊平原君曰先生言於理善矣因顧謂衆賓曰公孫子能荅此乎燕客史由對曰辭則有焉理則否矣使小辯之辭則有合大道之理則否

公孫龍又與子高汜論於平原君所辨理至於臧三耳公孫龍言臧之三耳甚辯析臧善也龍以書有四目四聰之義遂以聽天地人有三耳如達四方之成四聰也用是為堅異之辯猶白馬非白馬之云者特皆言古之所不能破故子高曰今為臧三耳甚難而實非也謂臧兩耳甚易而實是也臧三耳一說作臧三牙皆當時詭辯

（云）

子高弗應俄而辭出明日復見平原君曰疇昔公孫之言信辯也先生實以為何如荅曰然幾能臧三耳矣雖然實難（言近能為臧三耳之辯雖實難然理甚非）僕頗得又問於君今為臧三耳甚難而實非也謂臧兩耳甚易而實是也不知君將從易而是者乎亦其從難而非者乎平原君弗能應明日謂公孫龍曰公無復與孔子高辯事也其人理勝於辭公辭勝於理辭勝於理終必受詘

李寅言曹良於平原君欲仕之（李寅曹良皆趙人）平原君以問子高子高曰不識也平原君曰良嘗得見於先生矣故敢問子高曰世人多自稱其用我則國無患夫用智莫若觀其身其身且由不免私患國用之亦惡得無患乎平原君曰良之有患時不明也居家理治可移於官良能殖貨故欲仕之（言曹良居家能殖貨必能於官故欲仕之）子高曰未可知也今有人於此身脩計明而貧者志不存也

志不存猶言不得其志云身不脩會計闇而富者非盜无所得之也不以其道而富非盜焉至

儒服第十三皇極之道此目出於儒故所以首衆說

子高衣長裾振褒袖方屐麤翣翣扇也見平原君曰吾子亦儒服乎子高曰此布衣之服非儒服也儒服非一也平原君曰請吾子言之答曰夫儒者居位行道則有衮冕之服統御師旅則有介冑之服此言將相亦儒者所為從容徒步則有若穿之服故曰非一也平原君曰儒之為名何取爾子高曰取包衆美兼六藝動靜不失中道仲尼云汝為君子儒无為小人儒子高之言豈非所謂君子儒乎

子高遊趙平原君客有鄒文季節者與子高相友善及將還魯諸故人訣既畢文節送行三宿臨別文節流涕交頤子高徒抗手而已分背就路其徒問曰先生與彼二子善彼有戀戀之心未知後會何期悽愴流涕而先生厲聲高揖无乃非親親之

謂乎子高曰始吾謂此二子丈夫爾乃今知其婦人也人生則有四方之志豈鹿豕也哉而常聚乎其徒曰若此二子之泣非耶荅曰斯二子良人也有不忍之心其於敢斷必不足矣言於事不能以理斷其徒曰凡泣者一無取乎子高曰有二焉大姦之人以泣自信婦人懦夫以泣著愛

平原君與子高飲強子高酒曰昔有遺諺堯舜千鍾孔子百觚觚飲器受三升子路嗑嗑尚飲十榼古之賢聖无不能飲也吾子何辭焉子高曰以穿所聞賢聖以道德兼人未聞以飲食也平原君曰即如先生所言則此言何生子高曰生於嗜酒者蓋其勸厲獎戲之辭非實然也平原君欣然曰吾不戲子無所聞此雅言也

平原君問子高曰吾聞子之先君親見衛夫人南子又云南遊

遥乎阿谷而交辭於漂女（以水擊絮曰漂）信有之乎荅曰士之相保闓
流言而不信者何哉以其所已行之事占之也昔先君在衛衛
君問軍旅焉拒而不告色不已攝駕而去（攝取也言顧其顔色尚悶之不已遂駕而去）
衛君請見猶不能終何夫人之能覿乎古者大饗夫人與焉於
時禮儀雖廢猶有行之者意衛君夫人饗夫子則夫子亦弗
獲已矣（史稱夫人在絺帷中孔子入門北面稽首夫人自帷中再拜環佩玉聲璆然孔子曰吾鄉為弗見見之礼荅焉）若夫
阿谷之言起於近世殆是假其類以行其心者之為也
（此因用許也又道塞故有假其醜類以亭誣仲尼以行其邪心人）
子高適魏會秦兵將至信陵君懼（秦圍趙邯鄲魏公子信陵君無忌矯晉鄙兵以救趙
遂留趙秦聞公子在趙日夜出兵東伐魏魏王患之使人往請公子
公子歸報魏諸侯聞公子將各遣將將兵救魏公子率五国之兵破
秦軍於河外走蒙驁馬乘勝逐秦軍至函谷關抑秦兵秦兵不敢出）造子高之館而問祈勝之礼焉（
言祈祀以求勝）子高曰命勇謀之將以禦敵先使之迎於適所從來之

方爲壇位祈克乎五帝衣服隨其方色執事人數從其方之數其方之數則北方十人南方九人東方十一人西方十三人牲則用其方之牲祝史告于社稷宗廟邦域之內名山大川君親素服拉誓衆于太廟曰某人不道侵犯大國二三子當皆同心比力死而守將帥稽手再拜受命既拉誓將帥勸士卒陳于廟之右君立太廟之庭祝史立于社百官各敬誓其事御于君以待命乃大鼓于廟門詔將帥命卒習射三發擊刺三行告廟用兵于敵也五兵備效乃鼓而出以即敵此諸侯應敵之禮也信陵君曰敢受教信陵君問子高曰古者軍旅賞人必於祖戮人必於社其義何也答曰賞功於祖告分之均示弗敢專也人君親征必載廟主於行有功則賞于廟主之前示不專其親祖之義戮罪於社告中於土示聽之當也人君親征亦載社主行不用命者則戮之於社主前蓋社主陰陰主殺焉土居中故亦曰告中於土示聽之得中而當

陳莊[illegible]人性多譏訾每得酒食輒先撥捐之然後乃食子高告之曰子無然也似有態者言以擇而有作嫌態者昔君子之於酒食有率嘗之義無捐放之道假其可食其上下如擇假令不欲食其下滋甚言食之上下假上可擇則下以愈甚焉陳莊曰吾知其無益意欲如此子高曰意不可恣也夫木之性曲者以隱括自直隱括揉曲者也可以人而不如木乎子不見夫鷄耶聚穀如陵跪而啄之若從子之意則与鷄豈有異乎陳莊跪曰吾今而後知過矣請終改之

子高仕司馬又為將於齊司馬又齊人所謂累仕之與燕戰而敗齊君曰以子賢明故信子也答曰君知穿孰若周公齊君曰周公聖人而子賢者弗如也子高曰然臣固弗如周公也以臣之知又孰若周公之知其弟齊君曰兄弟審於他人子高曰君之言是也夫以周公之聖兄弟相知之審而道失於管蔡明人之難知也臣與

又相見觀其材志察其所履齊國之士莫能過也尚書曰知人則哲惟帝難之穿何慙焉且曹子為魯三與齊戰三敗失地然後以勇敢之節奮三尺之劍要桓公管仲於盟壇盡收其所喪曹子魯將曹沫也魯莊公與齊桓公為柯邑之盟曹沫以匕首劫桓公於壇請反魯之侵地盡與沫三敗所亡地夫君子之敗如日月之蝕人各有能又庸可弁乎今燕以詐破又是又不能於詐也臣之稱又稱其武勇才藝不稱其有詐也又兼敗臣固未失其所稱焉齊君屈辭而不黜司馬文

對魏王第十四此篇雖有齊王之問然魏居多故曰對魏王焉

魏王問人主所以為患魏王谷魏安釐王乃昭王之子也問人主之大患者子高對曰建大臣而不與謀疑奉華者皆言用則知上以隸自疑大臣既不與謀復見疑奉華者其言用則自疑上之嫌已矣孽臣以遇御以幸者內則射合主心外則挾主之非此最人主之大患也言此為人主大患无出乎此也子高謂魏王曰臣入魏國見

君之二計臣爲張叔謀有餘於威智不逮然其功一也王曰叔也有餘威也不逮何同乎答曰駑馬驥同轅伯樂爲之咨嗟玉石相揉和氏爲之歎息故賢愚共貫則能士屠詘貞僞相錯則正士結舌叔雖有餘猶威不逮也言謀智雖異而用其所謂相則相錯焉

魏王問如何可謂大臣子高答曰大臣則必取衆人之選舜有天下選於衆舉皋陶不仁者遠矣湯有天下選於衆舉伊尹不仁者遠矣故大臣有不出衆人之選能犯顏諫事公正無私者許陳事成主裁其賞事敗臣執其咎謂成則君美衣歸敗則於干也主任之而無疑臣當之而弗避君惚然其於大臣行其義然則君不猜於臣臣不隱於君故動無過計舉無敗事是以臣主並各有得也

信陵君問曰古之善爲國至於無訟其道何由答曰由乎政善也上下勤德而無私德無不化俗無不移動之所舉政之所是

也衆之所毀政之所非也 衆譽而賞及之是至公于賢也衆毀而罰及之是不私乎惡也 毀譽
是非與政相應所以無訟也 賞當其功罰中其罪俗不不化夫何訟之有
齊王行車裂之刑群臣諍之弗聽 齊王乃齊平公之子宣公也 子高見齊王
曰聞君行車裂之刑無道之刑也而君行之臣切以爲下吏之過
也 不敢斥王故以爲下吏之過 王曰寡人爾民多犯法爲法之輕也子高曰
然此誠君之盛意也夫人含五常之性有哀樂喜怒哀樂喜
怒無不過其節節過則毀於義民多犯法以法重無所措手足
也今天下悠悠士亡定處有德則住無德則去欲規霸王之
業與衆大國爲難 言今天下之士欲規爲霸王之業与衆大国以事之爲難得也 而行酷刑以懼
遠近国内之民將畔四方之士不至此乃亡国之道君之下吏
不具以聞從恐逆志意以爲憂不慮不諫之危亡其所務者小
所喪者大故曰下吏之過也臣觀之又非徒不諍而已也心知

此、章之為不可將有非譏在後則因曰君忿意實然（言君意忿民犯法故）

（賢如其、）我諫諍必有龍逢比干之禍其為虛首居於忠正之地而

闇推君主使同於桀紂也見夫為人臣見主非而不諍以陷主

於危亡罪之大者也人主疾臣之彌已而悲之資臣以維其子比

干之忠藏之大者也齊王曰謹聞命遂除車裂之法焉

子高見齊王齊王問誰可臨淄宰稱管穆焉（管穆者齊之賢人）王曰穆、

容貌陋民不敬答曰夫見敬在德且臣所稱稱其材也君王開

晏子趙文子乎晏子長不過三尺面狀惡齊國上下莫不宗焉

趙文子其身如不勝衣其言如不出口非但躰陋辭氣又吶吶

然其相晉國晉國以寧諸侯敬服皆有德故也（相文子晉卿趙武也其中退然如不勝衣其言吶吶然始不出諸其口所舉晉國管庫之士七十有餘家生不交利死不屬其家此其為有德者也）以穆軀形

方諸二子猶悉賢之昔臣常行臨淄市見屠商焉（屠商者五言商之為屠人者）

身脩八尺鬚髯如戟面正紅白市之男女未有敬之者無德故也王曰此所謂祖龍始者也祖龍始乃屠商之端名于高於市見之不知其姓名但曰屠商齊王敬之故曰是所謂祖龍始者也誠如先生之言於是乃以管穆為臨淄宰

孔叢子卷第四

孔叢子卷第五

臣咸注

陳士義第十五 是篇多賢一否之論故曰陳士義焉

魏王遣使者奉黄金束帛聘子順子順為相孔武後名斌字子順乃子高之子嘗相魏安釐王年五十七一作子慎子順謂使者曰君王信能用吾道吾道故為治世也雖蔬食水飲吾猶為之若徒欲制服吾身委以重禄吾猶一夫爾則魏王不少於一夫一夫猶言一夫役人尔子度魏王之心以告我使者曰魏國狹小之於聖賢寡君久聞下風願委國先生親受教訓如肯降節豈唯魏國君臣是賴其亦社稷之神祇實求受慶於是乃之魏魏王郊迎謂子順曰寡人不肖嗣先君之業先生聖人之後道德懿邵邵美也幸見顧臨願圖國政對曰臣羈旅之臣慕君高義是以戾此君辱貺而問以政事敢不敬受君之明

今魏王朝羣臣問理國之所先季文對曰季文魏大夫唯在知人王未之應子順進曰知人則喆帝堯所病故四凶在朝鯀任無功夫豈樂然哉人難知故也言堯豈樂四凶與鯀而用之哉蓋夫人之難知然也今文之對不稱吾君之所能行而乃欲強吾君以聖人所難此不可行之說也王曰先生言之對曰當今所急在脩仁尚義崇德敦禮以接鄰國而已昔舜命衆官群臣竟讓得禮之致也苟使朝臣皆有推賢之心主雖不知人則臣位必當若皆以知人爲治則人主宜未過堯且其目所不見者亦必漏矣王曰善矣

秦王得西戎利刀以之割玉如割木焉以示東方諸國秦王乃秦昭王得西戎利刀以示關東諸侯魏王問子順曰古亦有之乎對曰昔周穆王大征西戎西戎獻錕鋙之劍火浣之布其劍長尺有咫八寸曰咫鍊鋼赤劍用之切玉如泥焉是則古亦有也十洲記作西胡獻昆吾刀切玉如切土王曰

火浣之布若何對曰周書火浣布必投諸火布則火色垢乃灰
色出火振之皜然疑乎雪焉後漢書南夷傳亦作火毳王曰今何以獨無對
曰秦貪而多求求欲無厭是故西戎閉而不致此以素防絶之
也言戎防秦之貪故絶之也然則人主貪欲乃異物所以不至不可不慎也
魏王曰吾聞道士登華山則長不死意亦願之對曰古無是道
非所願也王曰吾聞信之對曰未審君之所聞親聞之於不死
者耶聞之於傳聞者耶君聞之於傳聞者妄也若聞之於不死
者不死者今安在在者君學之勿疑不在者君勿學無疑
李由之母少寡與李音竊相好而生由由有才藝仕於魏王
甚愛之或曰李由母姦不知其父不足貴也王以告由且曰吾
不以此賤子也雖然古之賢聖豈有似子者乎吾將舉以折毀
子者李由對曰今人不通於遠在目欲言誰爾且孔子少孤則

亦不知其父者也言今四方之遠假有如臣者臣又不能通於遠敢言誰耶故以孔子之父為之言孔子毋死殯於五父之衢人見之皆以為葬問聊曼父之毋得合葬於防此則聖人與臣同者也叔梁紇与顏氏女野合而得孔子孔子生而叔梁紇死葬於防山孔子疑其父墓処毋諱之也孔子毋死乃殯於五父之衢聊人輓父之毋誨孔子父墓然後往合葬於防輓亦作曼王笑曰善子順聞之問魏王曰李由安得斯言王曰假以自顯無傷也對曰虛造謗言以誣聖人非無傷也且夫明主之於臣唯德所在不以小疵妨大行也昔鬬子文生於淫而不害其為令尹楚鬬伯比淫於邓子之女生子文邓夫人使弃諸雲夢澤中虎乳之邓子田見之懼而歸夫人以告遂收之楚人謂乳穀謂虎於菟故命之曰鬬穀於菟以其女妻伯比實為令尹子文今李由可則寵之何患於人之言而使橫生不然之說若欺有知則有知不受若欺凡人則凡人疑之必亦問臣則臣不為君之故誣祖以顯由也如此群臣更知由惡此必聚矣所謂求自潔而益其垢猶抱石以救溺愈不濟矣言李由若可用則寵之何患人之言若以仲尼之事折毀由者則由之惡名愈聚是猶抱石救

石岙始抱石而投溺矣魏王使相國脩好鄰國遂連和於趙趙王既賓之而燕（是時乃趙孝成王也燕謂享燕亦作宴）問子順曰今寡人欲來北狄不知其所以
然答曰誘之以其所利而與之通市則自至矣王曰寡人欲因
而弱之若與交市分我國貨散於夷狄是強之也可乎答曰夫
欲之市者將以我無用之貨取其有用之物是故所以弱之之
術也王曰何謂我之無用彼之有用答曰衣服之物則有珠玉
五彩飲食之物則有酒醪五熟（五熟謂五味之熟物）此即我之所有而彼
之所利者也夷狄之貨唯牛馬旃裘弓矢之器是其所饒而輕
以與人者也以吾所有易彼所饒如斯不已則夷狄之用將麋
於衣食矣（麋猶饕食類言散潰如之）殆可舉棰而驅之豈徒弱之而已乎趙
王曰敬受教
枚產問子順曰（枚產魏人）臣匱於財聞猗頓善殖貨欲學之然先

生同國也當知其術頗以告我荅曰然知之猗頓魯之窮士也耕則常飢桑則長寒聞陶朱公富往而問術焉范蠡本南陽人既与越王句踐雪會稽之恥乃扁舟浮於江湖變名易姓適齊爲鴟夷子皮之陶爲陶朱公乃治產十九年之中三致千金後年老而聽子孫子孫脩業而息之遂至鉅萬朱公告之曰子欲速富當畜五牸於是乃適西河大畜牛羊于猗氏之南十年之間其滋息不可計貲擬王公馳名天下以興富於猗氏故曰猗頓史記稱猗頓用盬盬起且夫爲富者非唯一術今子徒問猗頓何也枚產曰亦將問之於先生也荅曰吾貧而子問以富術縱有其術是不可用之術也昔人有言能得長生者道士聞而欲學之比往言者死矣道士高蹈而恨夫所欲學學不死也其人已死而猶恨之是不知所以爲學也今子欲求殖貨而問術於我我且自貧安能殺子以富乎子之此問有似道士之學不死也

東里閭空腹而好自賢欲自親於子順（東里閭魏人）子順弗下顏（下顏，下顏色而禮之）或曰夫君子之交於世士亦取其一節而已東閭子疏達亮直大丈夫也（易師貞丈人吉王弼以為丈人嚴莊之稱大丈夫亦丈人之謂）求為先生役而先生無意接之斯者無乃非周公之交人乎子順曰此吾所以行周公之行也夫東閭子外質頑拙有似疏直然內懷容媚諂彫（彫亦鵰雕之雕）非大丈夫之節也若其度骸稱膚面目鬢眉實美於人聖人論士不以為貴者無益於德故也然東閭子中不應外侮慢世士即所謂愚人而謂人為愚者也特其虛狀以不德於人此乃周公之所罪何交之有

宮他見子順曰（宮他魏人）他困貧賤將欲自託富貴之門庶克免乎子順曰夫富而可以託貧貴而可以寄賤者天下寡矣非信義君子明識窮達則不可今子所欲託者誰也宮他曰將適趙

公子〔謂趙公子勝平原君也〕子順曰非其人矣雖好養士自奉而已終弗能稱也宮他曰將適燕相國子順曰彼徒兄弟甥舅各濟其私無求賢之志不足歸也〔是時燕相乃昌國君樂閒伯栗腹焉〕宮他曰將適齊田氏〔盡田和之族〕子順曰齊大國也其士大夫皆有自多之心不能容子也宮他曰然則何嚮而可子順曰吾勿識也宮他曰雖先生知人頗告所擇將往庇焉子順曰濟子之欲則宜若郈成子者也昔郈成子自魯聘晉〔成子乃郈昭伯之族〕過乎衛右宰穀臣止而觴之陳樂而不作送以寶璧反過而不辭其僕曰日者右宰之觴吾子甚歡也今過而不辭何也成子曰夫止而觴我與我歡也陳樂而不作告我哀也送我以璧寄之我也若由此觀之衛其有亂乎背衛三十里聞甯喜作難〔衛獻公以師曹乱出奔齊孫文子甯惠子共立殤公甯喜與孫文子爭寵相惡殤公使甯喜攻孫文子文子奔晉復求入故衛獻公晉平公執殤公與甯喜而復入衛獻公〕右宰死之還車而臨三

舉而歸反命于君乃使人迎其妻子隅宅而居之分祿而食之

其子長而反其璧（反其璧与穀臣之子）夫子聞之曰智可與微謀仁可與託

孤廉可以寄財者其命成子之謂乎今子求若人之比庇焉可

也（此若人如）宮他曰循先生之言舍先生將安之請從執事子順辭

不得已乃言之魏王而升諸朝

子順相魏改嬖寵之官以事賢才奪無任之祿以賜有功

諸喪職秩者不悅乃造謗言文咨以告且曰（文咨魏人）夫不害前政

而有成孰與變之而起謗哉（言寧順前政而有成孰可變更而與起其謗）子順曰民之

不可與慮始久矣古之善為政者其初不能無謗子產相鄭三

年而後謗止吾先君之相魯三月而後謗止今吾為政日新雖

不能及聖賢庸知謗止獨無時乎文咨曰子產之謗吾亦聞之

子產因循相鄭從政一年輿人誦之曰取我衣冠而褚之取我田疇而伍

之孰殺子產吾其與之及三年又誦之曰我有子弟子產誨之我有田疇

子產殖之子子產而死誰其嗣之未識先君之謗何也子順曰先生初相魯二人謗誦曰麛裘而芾投之無戾芾之麛裘投之無郵麛鹿子也其皮以為裘衣加裼衣以朝芾大子也芾小貌投弃也戾郵罪也及三月政成化既行民又作誦曰袞衣章甫實獲我所章甫袞衣惠我無私文滔喜曰乃今知先生亦不異乎聖賢矣袞衣公侯之服章甫儒冠亦指夫子也魏王謂子順曰吾欲致天下之士柰何子順對曰昔周穆王問祭公謀父曰穆王周昭王之子名滿祭畿內之國祭公為王卿士謀父字也吾欲得天下賢才對曰去其帝王之色則幾乎得賢才矣今臣亦請君去其尊貴之色而已王曰吾欲得無欲之士為臣何如子順曰人之可使以有欲也故欲多者其所得用亦多欲少者其所得用亦少夫夷齊無欲雖文武不能制君安得而臣之伯夷叔齊孤竹君墨台初之二子伯夷名允字公信伯長夷謚叔齊名智字公達齊謚聞西伯昌善養老往歸之乃武王代紂叩馬而諫義不食周粟隱於首陽山采薇而食之遂餓死焉

論勢第十六 (盡論諸侯強弱之勢云)

魏王問相國曰今秦負強以無道陵天下天下莫不患(當秦昭襄王時)寡人欲割國之半以親諸侯求從事於秦可乎子順對曰以臣觀之殆無益也今天下諸侯畏秦之日久矣數被其毒無欲復之之志(无雖秦之志)心無所計委國於遊說之士游說之士挾強秦以爲資賣其國以收利叉手服從曾不能制如君之謀未獲其利而秖焉各適足以速秦之首誅則無以得之不如守常以須其變也(須待也)王曰秦其遂有天下乎對曰必然焉雖然取不以義得不以道自古以來未有能終之者(故秦始皇兼并天下財五十餘年趙高殺二世立子嬰子嬰立月餘項羽誅之遂滅秦)五國約而誅秦(魏公子无忌既自趙歸率楚齊韓衛兵攻秦敗之河外蒙驁走當秦莊襄王時也)子順會之秦未入境而還(子順未入秦竟而還)諸侯留兵於成皋(成皋故虎牢地屬三川郡)子順謂市丘子曰(市丘子守市丘者不見其名氏)此師楚焉之主今兵

罷而不散殆有異意君其備之市丘子曰先生幸而教之願以國寄先生子順許諾遂見楚王曰王約五國而西伐秦事既不集又久師於市丘謗君者或以君欲攻市丘以償兵費天下之士且以是輕君而重秦且又不義君之爲矣王故不卜交乎楚王曰奈何子順曰王令出令使五國勿攻市丘五國重王則聽王之令矣不重王則且反王之令而攻市丘以此卜五國交王之輕重必明矣楚王敬諾而五國散

趙閒魏將以求親於秦子順謂趙王曰（趙悼襄王）此君之下吏計過也比目之魚所以不見得於人者以耦視而俱走也（比目魚以左右分目不比不行南越謂之板魚）今秦有兼吞天下之志日夜伺間不忘於側息也（側息猶小息）趙魏與之鄰接而強弱不敵秦所以不敢圖并趙魏者徒以二國併目周旋者也今無故自離以資強秦天下拙

謀無過此者故臣曰君之下吏計過也夫連鷄不能上棲亦猶二國構難不能自免於秦也願王孰慮之趙王曰敬受教

韓與魏有隙子順謂韓王曰昭釐侯一世之明君也韓王謂宣惠王也乃昭釐侯之子韓自宣惠始稱為王申不害一世之賢相也申不害京人本黃老主於刑名著書有上下二篇中書六篇相韓事昭釐侯國內以治諸侯不來侵伐於昭侯二十二年死韓與魏敵侔之國而釐侯執圭見梁君者梁君即魏王也非好卑而惡尊慮過而計失也與嚴敵為鄰而動有滅亡之變獨勁不能支二難故降心以相從屈己以求存也申不害慮事而言謂策其事而後言忠臣也昭釐侯聽而行之明君也今韓弱於始之韓言今宣惠王弱於昭釐侯之時魏均於始之魏均同也秦強於始之秦而背先人之舊好以區區之衆居二敵之間非良策也齊楚遠而難恃秦魏呼吸而至舍近而求遠是以虛名自累而不免近敵之困者也為王計者莫如除小怨全大

好也（除有隙之小忿全執圭之大好）吳越之人同舟濟江中流遇風波其相救如左右手者所患同也今不恤所同之患是不如吳越之舟人也

韓王曰善

秦兵攻趙魏大夫以爲於魏便子順曰何謂曰勝趙則吾因而服焉不勝趙則可承弊而擊之（言秦勝則我因服秦或秦敗則承其弊而擊之）子順曰不然秦自孝公以來戰未嘗屈今皆良將何弊之承（時武安君[illegible][illegible]輩爲秦將皆良）大夫曰縱其勝趙於我何損鄰之不脩國之福也子順曰秦貪暴之國也勝趙必復他求吾恐於時受其師也（言秦既勝趙必更他求當加兵於魏故曰受其師）先人有言燕雀處屋子母相哺呴呴焉其相樂也自以爲安矣竈突炎上棟宇將焚燕雀顏色不變不知禍之將及己也今子不悟趙破患將及己可以人而同於燕雀乎

齊攻趙圍廩丘（左氏傳襄公二十六年齊烏餘以廩丘奔晉烏餘齊大夫也廩丘於春秋時屬齊）趙使孔

青師五萬擊之孔青趙將剋齊軍獲尸三萬趙王詔勿歸其尸將
以困之子順聘趙問王曰不歸尸其困何也曰其父兄子弟悲
苦無已廢其產也子順曰非所以窮之也死一也歸尸與不悲
苦胡異焉言死既一則歸尸与不歸尸悲苦与不悲苦亦无異也以吾愚計貧齊之術乃
宜歸尸王曰何謂對曰使其家遠來迎尸不得事農一費也歸
所葬使其送死終事二費也一年之中喪卒三萬三費也欲無
困貧不能得也王曰善既而齊士大夫聞其子順之謀曰君子
之謀其利博哉

子順相魏九九月陳大計輒不用乃喟然曰不見用是吾言
之不當也言不當於主而居人之官食人之祿是尸利也尸利
素餐吾罪深矣退而以病致事謂致其國事以還君魏王遣使入其館
謝曰寡人昧於政事不顯明是非以啓罪於先生今知改矣願

先生爲百姓故幸起而教之辭曰臣有犬馬之疾不任國事苟得從四民之列子弟供魏國之征乃君惠也敢辱君命以逮刑書人謂子順曰王不用子子其行乎荅曰吾將行如之山東之往也則山東之國將并於秦言如往山東之国則山東諸国當謂秦所并秦爲不義義所不入遂寢于家秦急攻魏王恐或謂子順曰是時魏景湣王也如之何荅曰吾私有計然豈能賢於執政故無言焉是時子順已罷政寢于家矣魏王聞之駕如孔氏親問焉曰國亡矣如之何對曰夫弃之不如用之之易也死之不如弃之之易也人能弃之弗能用也能死之不能弃也此人過也言弃其地不如用其地以攻守爲易死其地不如弃其地以圖存爲易盖當計其勢如何尔在弃之用之得其宜今王亡地數百里亡城數十而患不解魏自奚昭王時嘗亡大縣數十名都數百洎始皇立又拔二十城以爲秦東郡矣是王弃之非用之也秦之強天下無敵魏之弱甚矣而王是以質秦景湣王爲太子嘗質秦此王能死不能弃

之也是重過也若能用臣之計則虧地不足傷國卑體不足苦身患而怨報矣今秦四境之内報政以下固曰與嫪氏乎與呂氏乎秦始皇既立文信侯呂不韋與太后私通後恐覺禍及私求嫪毐詐為腐侍太后於雍宮愛幸之事皆決於毐雖門閭之下廊廟之上猶皆如是言非獨四境之内執政之下皆言是言雖門閭廊廟内外亦皆如是令王誠能割地賂秦以為嫪毐功卑身尊秦以固嫪毐王受以國贊嫪毐也則嫪毐勝矣於是太后之德王也深如骨肉王之交最為天下之上矣言太后德王則秦不加兵是乃王以此交秦為天下之上矣孰不弃呂氏而從嫪毐天下皆然則王怨必報矣

執節第十七夫臣節之固莫右乎伊尹故凡論事不諂亦所以附焉

趙孝成王問曰趙孝成王乃惠文王之子立二十一年卒昔伊尹為臣而放其君其君不怨何行而得乎此也子順荅曰伊尹執人臣之節而弼其君以禮亦行此道而已矣王曰方以放君為名而先生稱禮何

也子順曰以禮括其君使入於善也曰其說可得聞乎荅曰其在商書太甲嗣立而干冢宰之政伊尹曰惟王舊行不義習與性成予不狎于不順王始即桐邇于先王其訓罔以後人迷王徂居憂允思厥祖之明德（此文与尚書差多疑其末删舊語尚存）是言太甲在喪不明乎人子之道而欲知政於是伊尹使之居桐近湯之墓處憂哀之地放之不得知政三年服竟然後反之即所以奉禮執節事太甲者也率其君以義強其君以孝道未有行此見怨也王曰善哉我未之聞也魏安釐王問子順曰（魏安釐王乃昭王之子立三十四年卒）馬回之為人雖少才文梗梗亮直（梗亦作鯁）有大夫夫之節吾欲以為相可乎荅曰知臣莫若君何有不可至於亮直之節臣未明也王曰何故荅曰聞諸孫卿云其為人也（荀卿趙人年五十始來游學於齊齊襄王時卿最為老師三為祭酒齊人或讒之乃適楚而春申君以為蘭陵令後廢因家蘭陵嘗疾濁世之政推儒墨道

德之事若數乃言漢避宣帝諱多稱孫卿焉長目而豕視者必體方而心員每以其法相人千一百不失言孫卿之相法夫射虽方而心必圜心圜則多姦臣見回非不偉其體幹也然甚疑其目王卒用之三月果以謟得罪

新垣固謂子順曰魏安釐王嘗使新垣衍說趙帝秦今新垣固乃衍族賢者所在必異化致治今子相魏未聞異政而即自退其有志不得乎何去之速也盡子順相魏凡九月陳大計輙不用遂喟然而歎寢于家者也答曰以無異政所以自退也且死病無良醫今秦有吞食天下之心以義事之固不獲安救亡不暇何化之興秦自昭莊以還已并東西周諸侯國是時秦政始立有吞天下之心故曰救亡不暇昔伊摯在夏呂望在商而二國不理豈伊呂之不欲哉勢不可也言昏世衰虽伊尹太公亦不能使夏商治之當如今日山東之國弊而不振三晉割地以求安二周折節而入秦燕齊宋楚已屈服矣以此觀之不出二十年天下盡爲秦乎始皇立二十有六年并天下爲三十六郡季節見於子順季節魏人也

順賜之酒辭問其故對曰今日家之忌日也故不敢飲子順曰
飲也（孔忌曰不祭而已未有不飲者）禮雖服衰麻見於君及先生與之梁肉無
辭所以敬尊長而不敢遂其私也忌日方於有服則輕矣
魏安釐王問天下之高士子順曰世無其人也抑可以為次
其魯仲連乎（魯仲連齊人不肯仕宦任職好持高節嘗遊趙新垣衍帝秦又為齊田單與燕將書遂下聊城田單歸而言其功齊欲爵之魯連乃逃隱於海上曰吾與富貴而詘於人寧貧賤而輕世肆志焉）王曰魯仲連強作
之者非體自然也答曰人皆作之作之不止乃成君子文武欲
作堯舜而至焉昔我先君夫子欲作文武而至焉作之不變習
與體成習與體成則自然矣
虞卿著書名曰春秋（虞卿游說之士為趙孝成王上卿後不得意乃著書上採春秋下觀近世節義稱號揣摩政謀凡八篇以刺譏國家得失世傳之曰虞氏春秋）魏齊曰子無然也（魏齊魏之公子為魏相）春秋
孔聖所以名經也今子之書大抵談說而已亦以為名何答

曰經者取其事常也可常則為經矣且不為孔子其無經乎鄭問子順子順曰無傷也魯之史記曰春秋春秋經因以為名焉又晏子之書亦曰春秋（晏嬰字平仲萊之夷維人事齊靈公莊公景公以節儉力行重於齊後皆書曰晏子春秋見行於世）吾聞大山之上封禪者七十有二君其見稱述數不盈十所謂貴賤不嫌同名也（史記述无懷氏以來封禪之事司馬相如封禪文稱七十二君雖有名氏可循述者不盈於十言切名雖同而其貴賤自殊无厭嫌也）

邯鄲之民以正月之旦獻雀於趙王而綴之以五綵趙王大悅申叔以告子順（申叔趙人也）子順曰王何以為也對曰正旦放之示有生也子順曰此委巷之鄙事爾非先王之法也且又不令（令善也）申叔曰敢問何謂不令答曰夫雀者取其名焉則宜受之於上不宜取之於下下人非所得制爵也而王悅此殆非吉祥矣昔虢公祈神神賜之土田是失國而更受田之祥也（虢公虢叔乃周惠王

[illegible]上惠王十五年有神降于莘莘虢地也虢公使祝應宗區史嚚享焉神賜之土田史嚚曰虢其亡乎吾聞之國將興聽於民將亡聽於神神聰明正直而壹者也依人而行虢多凉德其何土之能得今以一國之王愛民之雀將何悅哉

申叔問曰大馬之名皆因其形色而名焉惟韓盧宋鵲獨否何也子順答曰盧黑色鵲白黑色非色而何

魏公子無忌死韓君將親弔焉無忌率五國之兵破秦軍於河外秦兵不敢出公子威振天下秦王患之乃行金萬斤求晉鄙客令毀公子於魏王魏王後果使人代公子將公子自知以毀廢遂謝病不朝與賓客為長夜飲飲醇酒而卒是時韓魏為從故將親弔焉其子榮之以告子順子順曰必辭之禮鄰國君弔君之主今君不命子則子無所受其君也其子辭韓君乃止

子高以為趙平原君霸世之士惜不遇其時也其子子順以為衰世之好事公子無霸相之才也申叔問子順曰子之家公有道先生既論之矣今子易之是非焉在答曰言貴

盡心亦各其所見也若是非則明智者裁之父子皆賢為論三異狀哲人正士詞於而說亦于齊焉

申叔問子順曰礼為人臣三諫不從可以稱其君之非乎荅曰礼所不得也曰叔也昔者逮事有道先生問此義焉而告叔曰得稱其非者所以欲天下人君使不敢遂其非也言所得稱君之非則君有所憚而改之子順曰然吾亦聞之是亡考起時之言非禮意也言此是亡公起時之言非礼之本意當然也起時謂動時之權爾禮受放之臣不說人以無罪先君夫子曰事君欲諫不欲陳言不欲顯君之非也申叔曰然則晏子叔向皆非礼也荅曰此二大夫相與私燕言及國事未以為非禮也齊侯使晏嬰請繼室於晉晏嬰遂與羊舌肸私言其國將乱之事晏子既陳屨賤而踊貴於君其君為之省刑然後以及叔向叔向聽晏子之私又承其問所宜亦荅以其事也齊景公以晏子之宅近市欲更之公曰子近市識貴賤乎景公素繁於刑有鬻踊者故對曰踊貴屨賤故景公為

是首刑於司叔向請而稱之非特言君之非也

魏王問子順曰寡人聞昔者上天神異后稷而為之下嘉穀周以遂興往中山之地無故有穀非人所為云天雨之反三國何故也言往日中山嘗有天雨其穀何反云其國荅曰天雖至神自古及今未聞下穀與人也詩美后稷能大教民種嘉穀以利天下故詩曰誕降嘉種猶書所謂稷降播種農植嘉穀皆曰說種之其義一也大雅生民詩云誕降嘉穀維秬維秠注以為天雁堯以顯后稷為之下嘉穀今詳詩人之意殊无天下嘉穀之義子順之言宜是若中山之穀妖怪之事非所謂天祥也

趙王問相於平原君平原君曰鄒文可鄒文趙之賢人王曰其行如何對曰夫孔子高天下之高士也取友以行交游以道文與之游稱曰好義王其用之王卒不用後以平原君言問子順且曰先生知之乎荅曰先父之所交也何敢不知王曰寡人雖失之

在前猶頼聞其行於先生也荅曰行不茍合雖賤不渝君子人
也王遂礼之固以老辭
趙王謂子順曰寡人聞孔氏之世自正考甫以來儒林相繼魯大夫孟僖子病且死戒其嗣懿子曰孔丘聖人之後其祖弗父何始有宋而嗣讓厲公及正考父佐戴武宣公三命茲益恭故孔子宋人也防叔生伯夏伯夏生叔梁紇紇〻与顏氏野合生孔子仲尼重之以大聖自茲以降世業不替
天下諸侯咸資禮焉先生承其緒作二國師二国謂趙与魏從古及今
載德流聲未有若先生之嗣率由前訓將與天地相敝矣荅曰
若先祖父竝稟聖人之性如君王之言也至如臣者學行不敵
寄食於趙祿仕於魏幸遇二國之君寛以容之若乃師也未
敢承命假令頼君之願後世克祢不忝前人不泯祖業豈
徒一家之賜哉亦天下之慶也王曰必然必然

孔叢子卷第五

孔叢子卷第六

臣咸注

詰墨第十八　墨翟當戰国時有弟子禽滑釐等三百餘人孟子稱楊朱墨翟之言盈天下楊氏為我是无君也墨氏兼愛是无父也无父无君是禽獸也其著書誣構孔晏之事故孔鮒詰而下之

墨子稱景公問晏子以孔子而不對又問三皆不對公曰以孔子語寡人者衆矣俱以為賢聖人今問子而不對何也晏子曰嬰聞孔子之荊知白公謀而奉之以石乞勸下亂上教臣弒君非賢聖之行也　楚昭王卒公子閭乃與子西子綦迎昭王妾越女之子章立之是為惠王惠王二年子西召故平王太子建之子勝於吳以為巢大夫號曰白公白公好兵而下士後晉伐鄭鄭告急於楚楚使子西救鄭受賂而去白公勝怒乃家遂與勇士石乞等襲殺令尹子西子綦於朝因劫惠王置之高府欲殺之惠王從者屈固負王走昭王夫人宮白公自立為王月餘會葉公來救楚楚惠王之徒共攻白公惠王乃復位

詰之曰楚昭王之世夫子應聘如荊不用而反周旋乎陳宋齊

衛楚昭王卒惠王立十年令尹子西乃召王孫勝以為白公史記六二年此六十年疑子順言是是時魯哀公十五年也夫子自衛反魯居五年矣白公立一年然後乃謀作亂二作在哀公十六年秋也夫子已卒十旬矣孔子於哀公十六年四月卒白公於秋始亂是孔子卒已十旬墨子雖欲謗毀聖人虛造妄言奈此年世不相值何

墨子曰孔子之齊見景公景公說之封之以尼谿史稱景公說欲以尼谿田封孔子尼谿齊邑也諸本或作雜識也晏子曰不可夫儒法居而自順立命而怠事崇喪遂哀盛用繁禮其道不可以治國其學不可以導家公曰善史稱晏嬰進曰夫儒者滑稽而不可軌法倨傲自順不可以為下崇喪遂哀破產厚葬不可以為俗游說乞貸不可以為國今孔子盛容飾繁登降之禮趨詳之節累世不能殫其學當年不能究其禮君欲用之以移齊俗非所以先細民也與此文微異

詰之曰即如此言晏子為非儒惡禮不欲崇喪遂哀也察傳記晏子之所行未有以異於儒焉又景公問所以為政

晏子荅以礼公景公曰礼其可以治乎晏子曰礼於政與天地並此則未有以惡於礼也晏桓子卒（桓子嬰之父）晏嬰斬衰枕草苴絰帶杖菅菲食粥居于倚廬遂袁三年此又未以異於儒也若能以口非之而躬行之晏子所弗為

墨子曰孔子怒景公之不封己乃樹鴟夷子皮於田常之門（鴟夷形若榼以馬革為之吳王夫差取五子胥尸盛以鴟夷革浮之江中此云樹鴟夷子皮蓋言若鴟夷然范蠡去越之齊自号鴟夷子皮田常乃田和之曽祖恒弑簡公立平公遂專齊政此言夫子欲田常知己欲去而用之云）詰之曰夫樹人為信己也記曰孔子適齊惡陳常而終不見常而病之（陳常即田常）亦惡孔子交相惡而又任事其然矣記又曰陳常殺其君孔子齋戒沐浴而朝請討之觀其終不樹子皮審矣（田常弑齊簡公孔子請魯伐之而哀公不聽是不樹子皮可審）

墨子曰孔子為魯司寇舍公家而奉季孫（季孫三桓之家時專魯政）

詰之曰若以季孫爲相司寇統焉奉之自法也若附意季孫附意謂阿意附季孫季孫既受女樂則孔子去之季孫欲殺囚則孔子赦之非苟順之謂也

墨子曰孔子戹於陳蔡之閒子路享豚孔子不問肉之所由來而食之剝人之衣以沽酒孔子不問酒之所由來而飲之

詰之曰所謂厄者沽買無處藜羹不粒之食七日若享豚飲酒則何言乎厄斯不然矣且子路爲人勇於見義縱有豚酒不以義取之可知也又何問焉

墨子曰孔子諸弟子子貢季路輔孔悝以亂衛季路以衛出公輒結纓而死孔悝竟立蒯聵爲莊公孔悝乃孔圉文子之蒯聵之甥衛之亂子貢時不与陽虎亂魯陽虎欲盡殺三桓載季桓子將殺之桓子詐而得脫三桓共攻陽虎奔齊弗肸以中牟畔漆彫開形殘形殘惡疾

詰之曰如此言衛之亂子貢季路爲之耶斯不待言而了然矣

孔悝與蒯聵作亂子路聞之而後往是時子貢為魯使於齊陽虎欲見孔子孔子不見何弟子之有弗肸以中牟叛召孔子則有之矣焉孔子弟子未之聞也且漆彫開形殘非行已之致何傷於德哉

墨子曰孔子相魯齊景公患之謂晏子曰鄰有聖人國之憂也今孔子相魯為之若何晏子對曰君其勿憂彼魯君弱主也孔子聖相也不如陰重孔子欲以相齊則必強諫魯君魯君不聽將適齊君勿受則孔子困矣

詰之曰寀如此辭則景公晏子畏孔子之聖也上而云非聖賢之行上下相反若晏子悖可也不然則不然矣言晏子前稱孔子所為皆非聖賢之行此又以為聖相是先後相反矣

墨子曰孔子見景公公曰先生素不見晏子乎對曰晏子事三君而得順焉是有三心所以不見也公告晏子言事靈公莊公景公三君皆得

順似諂而不正若有二心然晏子曰三君皆欲其国安是以嬰得順也聞君子
獨立不慙於景今孔子伐樹削迹不自以為辱言孔子伐樹於宋削跡於衛
身窮陳蔡不自以為約始吾望儒貴之今則疑之
詰之曰若是乎孔子晏子交相毀也小人有之君子則否言小人則
相毀如是君子則不然孔子曰靈公汙而晏子事之以整齊莊公怯而晏子
事之以勇景公侈而晏子事之以儉晏子君子也言晏子皆随其君所蔽而輔
拂之梁丘據問晏子曰事三君而不同心而俱順焉仁人固多心
乎晏子曰一心可以事百君百心不可以事一君故三君之心
非一也而嬰之心非三也言君之心非一名有所蔽也嬰事君之心非三推正而已孔子聞之曰
小子記之晏子以一心事三君君子也如此則孔子譽晏子
非所謂毀而不見也景公問晏子曰若人之衆則有孔子乎對
曰孔子者君子行有節者也晏子又曰盈成匡父之孝子

兄之悌弟也（言盆成匡乃人父之孝子人兄之悌弟）其父尚為孔子門人（盆成匡之父為孔子門人不在七十子之列）門人且以為貴則其師亦不賤矣是則晏子亦譽孔子可知也夫德之不脩己之罪也不幸而屈於人己之命也伐樹削迹絕粮七日何約乎哉若晏子以此而疑儒則晏子亦不足賢矣

墨子曰景公祭路寢聞哭聲問梁丘據對曰魯孔子之徒也其母死服喪三年哭泣甚哀公曰豈不可哉晏子曰古者聖人非不能也而不為者知其無補於死者而深害生事故也

詰之曰墨子欲以親死不服三日哭而已於意安者卒自行之空用晏子為引而同乎己適證其非耳（言墨子以親死者不哭於意為安則終自行之何必用晏子為引以同於己哉）且晏子服父禮則無緣非行禮者也

曹明問子魚曰（曹明未詳何許人子魚孔鮒字子順之子為陳涉博士年五十七）觀子詰墨者之辭

事義相反墨子者無矣假使墨子者復起對之乎言墨子今已死使其復起則子敢對之乎

答曰苟得其禮雖百墨子吾益明白焉失其正雖一人猶不能當

前也言詰之得其礼雖百墨子吾益明白失其正則雖一人之少吾亦不能當之墨子之所引者矯晏子

晏子之善吾先君先君之善晏子其事庸盡乎曹明曰可得

聞諸子魚曰昔齊景公問晏子曰吾欲善治可以霸諸侯

乎對曰官未具也臣亟以聞而君未肯然也臣聞孔子聖人然

猶居處勌惰廉隅不修則原憲季羔侍原憲字子思季羔高柴也字子羔

一食血氣不休志意不通則仲由卜商侍德不盛行不勤則

顏閔冉雍侍今君之朝臣萬人立車千乘不善之政加於下

民者衆矣未能以聞者未能有善以聞於時臣故曰官未備也此又晏

子之善孔子者也子高曰晏子仲善與人交久而敬之此又孔子

之貴晏子者也曹明曰吾始謂墨子可疑今則決妄不疑

矣

獨治第十九此言行已如是則可自抗不詘獨治於己

子魚生於戰國之世長於兵戎之間然獨樂先王之道講習不倦季則謂子魚曰季則蓋魯三桓之後大夫不生則已生則有云烏於世者也今先王淡泊世務脩无用之業當身不蒙其榮百姓不獲其利竊爲先生不取也子魚曰不如子之言也武者可以進取文者可与守成今天下將擾擾焉終必有所定子脩武以助之取吾脩文以助之守不亦可乎且吾不才无軍旅之任徒能保其祖業優游以卒歲者也

秦始皇東并子魚謂其徒叔孫通曰子之學可矣盍仕乎對曰吾所學於先生者不用於今不可仕也子魚曰子之材能見時變今爲不用之學殆非子情也叔孫通遂辭去以法仕秦

叔孫通魯之諸人秦時以文學徵待詔博士漢王定天下以為博士

尹曾謂子魚曰尹曾未詳何許人子之讀先王之書將奚以為答曰為治也世治則助之行道世亂則獨治其身治之至也

陳餘謂子魚曰陳餘大梁人後為張耳與韓信擊破趙井陘軍斬餘泜水上秦將滅先王之籍而子為書籍之主其危矣子魚曰顧有可懼者必或求天下之書焚之書不出則有禍吾將先藏之以待其求求至無患矣

子魚居衛與張耳陳餘相善耳餘魏之名士也張耳大梁人也陳餘年少父事耳為刎頸交秦高祖為布衣時耳遊秦滅魏購求耳千金餘五百金兩人變姓名俱之陳陳涉起耳餘謁涉後餘說武安君武臣立為趙王餘為大將軍耳為丞相後有隙卒斬餘於泜水上秦滅魏求耳餘懼走會陳勝吳廣起兵於陳欲以誅秦餘謂陳王曰今必欲定天下取王侯者其道莫若師賢而友智孔子之孫今在魏居亂世能正其行修其

祖業不為時變其父相魏（其父乃子順也）以聖道輔戰国見利不易節各諸侯卅有家法其人通材足以幹天下博知足以慮未形必宗此人天下無敵矣陳王大悅遣使者齎千金加束帛以車三乘聘焉耳又使謂子魚曰天下之事已可見矣今陳王興義兵討不義子宜速來以集其事王又聞子賢欲諮良謀虛意相望也子魚遂往陳王郊迎而執其手議世務子魚以霸王之業勸之王悅其言遂尊以博士為太師諮度焉

子魚名鮒甲陳人或謂之子鮒或稱孔甲陳勝既立為王其妻之父兄往焉勝以衆賓待之長揖不拜無加其礼其妻之父怒曰怙亂僭號而傲長者不能久矣不辭而去陳王跪謝遂不為顧王心慙焉遂適博士太師之館而言曰予雖丈夫哉然蹇於禮義以啓於姻婭唯先生幸訓誨之使免於戾可乎

言僅能為丈夫尔然礼義則塞而不通雖開朔婚姻而不能曉達推其訓誨以克愆戾子南曰王所問者善也
致固無辭而對乎今以礼言耶則礼無不拜且宗族婚媾又與
衆賓異敬者也敬而加親自古以然也王曰雖已失之於前願
欲收之於後也願先生脩明其事必奉遵焉對曰昔唐之內
親九族外協萬邦禮以婚為昆弟礼稱其之子有父母之喪不得嗣為兄弟是也妻之
父母為外舅姑尔雅云妻之父為外舅妻之母為外姑由是明之則拜之可知矣婚
親之義非宗賢之類也雖自己臣莫敢不敬昔魏信陵君嘗
以此質臣之父臣之父曰於諸母之昆弟妻之諸父則以親配
此悉以親配非尚於德德年以上雖拜之可也幼於己者揖之可也此出
於人情而可常者也王曰善哉請問同姓而服不及者其制何
邪服不言及言同姓而无服者對曰先王制礼雖国君有合族之道宗人掌
其列列猶第也繼之以姓而無別綴之以食而無殊各隨本屬之

以□叛君當近則見死焉之免（免為之服）屬遠則弔之而已禮之政也
是故臣之家得以孔氏之別姓於弗父之廟（別姓猶言別宗弗父何宋愍公之子孔子之始祖）
哭孔氏則於夫子之廟（孔氏大小宗則哭夫子之廟）此有據而然也周之道雖
百世婚姻不通重先君之同體也王跪曰先王之言厥義博哉
寡人雖固敢不盡心（固猶言固陋）

問軍禮第二十（陳王涉請問軍禮孔子魚荅之乃獨專于篇）

陳王問太師曰行軍之禮可得備聞乎荅曰天下有道禮
樂征伐自天子出自天子出必以歲之孟秋賞軍帥武人于朝
簡練傑俊任用有功命將選士以誅不義於是孟冬以級
授軍司徒搢扑北面而誓之（以等級授其鞭扑）誓于社以習其事先期
五日大史筮於祖廟擇吉日齋戒告于郊社稷宗廟既筮則
獻兆於天子天子使有司以特牲告社告以所征之事而受命

焉舍奠于帝學以受成成謂師律已成定然後乃類上帝柴于郊以出
以齋車遷廟之主及社主行大司馬職奉之言以大司馬奉所遷廟社之主無
遷廟主則以幣帛皮圭告于祖禰謂之主命亦載齋車凡
行主皮圭幣帛皆每舍奠焉而後就館言廟社行主及皮圭幣帛之主命每所至之地
則先告奠而後就館亦有尊也舍當作釋音与釋同主車止于中門之外外門之內廟主居
于道左社主居于道右其所經名山大川皆祭告焉及至敵所
將戰大史卜戰日卜右御先期三日有司明以敵人罪狀告之
史史定誓命戰日將師陳列車甲卒五于軍門之前有司讀誥
誓使周定三令五申既畢遂禱戰祈克于上帝然後即敵將
士戰全已克敵史擇吉日復禡於所征之地禡師祭名也柴于上
帝祭社奠祖以告克者不頓兵傷士也戰不克則不告也凡
類禡皆用甲丙戊庚壬之剛日有司簡功行賞不稽于

時其用命者則加爵受賜于祖奠之前其奔北犯令者則加刑罰戮于社主之前（書稱用命則賞于祖弗用命則戮于社）然後鳴金振旅有司徧告捷于時所有事之山川既至舍于国外三日齋以特牛親格于祖禰然後入設奠以反主（設奠反其主於廟於社）若主命則卒奠斂玉埋之于廟兩階間（言埋玉則幣帛焚之）反社主如初迎之禮舍奠于帝學以訊馘告大享于群吏用備樂饗食有功於祖廟舍爵策勳焉謂之飲至天子親征之禮也陳王曰其命將出征則如之何太師曰古者大將受命而出則忘其国（忘其国中之事一於命而已）即戎師陳則忘其家（忘其家之為一於戎而已）故天子命將出征親潔齊盛服設奠于祖以詔之（詔告之）大將先入軍吏畢從皆北面再拜稽首而受（受所受命）天子當階南面命受之節鉞大將受（謂受所賜節鉞）天子乃東回西面而揖之（謂轉南面自東遂西面而揖）亦弗御也（謂既揖已則不御坐）然後告

太社，冢宰執蜃宜於社之右，左傳云戎有受脤脤祭社之肉盛以蜃器南面授大將。太將北面稽首再拜而受之。承所頒賜于軍吏，其出不類，其克不禡，戰之所在有大山川則祈焉，禱克于五帝，捷則報之。振旅復命，簡異功，勤親告廟，告社而後適朝，禮也。王曰：將居軍中之禮，勝敗之變則如之何？太師曰：將帥尚左，士卒尚右，出國先鋒，入國後刃，介胄在身，執銳在列，雖君父不拜。若不幸軍敗，則馹騎赴告于載櫜弢韔，大雅曰載櫜弓矢櫜弢韔也韔弓衣天子素服哭于庫門之外三日，大夫素服哭于社，亦如之。亡將失城則皆哭七日。軍敗三日哭將亡城失則七日哭蓋輕重之差天子使使迎于軍，命將帥無請罪，然後將帥結草自縛，袒右肩而入，蓋喪禮也。王曰：行古禮如何？太師曰：古之禮因為於今也，有其人行其禮則可，無其人行其禮則民弗與。其人蓋言田道之人

答問第二十一 武臣將軍治陳王謀有所問子鮒得詳對答之故以名篇

陳人有武臣謂子鮒曰武臣即武安君夫聖人者誠高材美稱也吾謂聖人之知必見未形之前功垂於身後立教而戾夫弗犯雖狂戾之夫亦不能化吐言而辯士不破也子之先君可謂當之矣然韓子立法其所以異夫子之謂者紛如也予每探其意而校其事持久歷遠遏姦勸善韓氏未必非孔氏未必得也吾今而後乃知聖人無世不有爾前聖後聖法制固不一也若韓非者亦當世之聖人也子以爲奚若韓非喜刑法名術之學本於黃老爲人口吃不能道說而善著書作孤憤五蠹內外儲說林說難十餘萬言後韓王遣非使秦秦王悅之未信用李斯姚賈毀之曰韓非韓之諸公子也今王欲并諸侯非終爲韓不爲秦此人之情也今王不用久留而歸之此自遺患也不如以過法誅之秦王以爲然下吏治非李斯使人遺非藥使自殺然非知說之難爲說難甚具終死於秦不能自脫子鮒曰子信之爲然是固未免凡俗也今世人有言高者必以極天爲稱言下者必以深淵爲名是資勢之談而無其實者

也好事而穿鑿也必言經以自輔援聖以自賢欲以取信於群
愚而度其說也若諸子之書其義皆然吾先君之所自志也請
略說一隅而君子審其信否焉武臣曰諸子鮒曰乃者趙韓共
并知氏趙襄子之行賞先加具臣而後有功趙襄子立四年知伯與趙韓魏盡分其范中行故地後知伯恣驕請地韓魏韓魏與之又請地於趙趙不與知伯怒遂率韓魏攻趙趙襄子懼出奔晉陽三國攻晉陽群臣皆有外心惟高共不敢失禮襄子懼乃夜使相張孟同私於韓魏韓魏與合謀反滅知氏共分其地於是襄子行賞高共為上張孟同曰晉陽之難惟共無功襄子曰方晉陽急群臣皆懈惟共不敢失人臣禮是以先之韓非書云夫子善之引以張本然後
難之豈有不似哉然實詐也何以明其然昔我先君以春秋哀
公十六年四月己丑卒至二十七年荀瑤與韓趙魏伐鄭遇陳
恒而還是時夫子卒已十一年矣而晉四卿皆在也哀公二十七年荀瑤帥師伐鄭次于桐丘鄭駟弘請救于齊齊師救鄭知伯聞之乃退曰我卜伐鄭不卜敵齊鄭此時知伯與中行氏諸卿猶在而仲尼已卒也
後悼公十四年知氏乃亡此先後甚遠而韓非公稱之曾無怍

意是則世多好事之徒皆非之罪也故吾以是默口於小道塞耳於諸子久矣而子立尺表以度天直寸指以測淵矇大道而不悟信誣說以疑聖殆非所望也武臣乂手跪謝施施而退施施猶俯偃然遂告人曰吾自以爲學之博矣而可吞於孔氏方知學不在多要在精之也

陳王問太師曰寡人不得爲賢所推而得南面稱孤其幸多矣今既賴二三君子且又欲規久長之圖何施而可荅曰信王之言萬世之福也敢稱古以對昔周代殷乃興滅繼絶以爲政首今誠法之則六國之不推勢抑久長之本王曰周存二代又有三恪其事云何荅曰封夏殷之後以爲二代紹虞帝胄備爲三恪恪敬也禮之如賓客也非謂特有二代別有三恪也凡所以立二代者備王道通三統也王曰三統者何荅曰各自用其正

朔三代與周是謂三統周以建子為正子時為朔商以建丑為正丑時為夏以建寅為正寅時為朔王曰六國之後君吾不能封也遠世之王於我何有吾亦自舉不及於周又安能紀法之乎

陳王涉讀國語言申生事晉獻公卜伐驪戎史蘇占之曰勝而不吉公弗聽遂伐驪戎克之獲驪姬以歸有寵立為夫人生奚齊其娣生卓子驪姬請使太子申生主曲沃重耳处蒲城夷吾处屈奚齊处絳後驪姬欲立奚齊謂申生曰君夢齊姜必速祭之太子祭于曲沃歸胙于公公田姬寘諸宮六日公至毒而獻之公祭之地地墳公之犬犬斃與小臣小臣斃姬泣曰賊由太子太子奔新城公殺傅杜原欵申生縊于城姬遂譖二公子曰皆知之重耳奔蒲夷吾奔屈呂氏春秋云申生遂以劍死衛康成稱雉經顧博士曰始余信聖賢之道乃今知其不誠也先生以為何如荅曰王何謂哉王曰晉獻惑聽讒而書又載驪姬夜泣公而以信入其言而以信入其言謂獻公以驪姬為信而受其言人之夫婦夜處幽室之中莫能知其私焉雖黔首猶然況國君乎吾以是知其不信乃好事者為之辭將欲成其說以誣愚俗也故使予并疑於聖人也博士曰不然也

古者人君外朝則有國史内朝則有女史舉則左史書之舉動也言則右史書之以無諱示後世善以爲式惡以爲戒廢而不記史失其官故凡若晉侯驪姬牀笫之私房中之事不得掩焉若夫設教之言驅群俗使人入道而不知其所以者也今此皆書實事累累若貫珠可無疑矣王曰先生真聖人之後風也今幸得聞命寡人無過焉

陳王涉使周章爲將西入關將以誅秦秦使將章邯距之陳涉遣周章爲將西至戲兵數十萬二世大驚使章邯將擊破周章軍遂殺章于曹陽陳王以秦國之亂也有輕之之意勢若有餘而不設敵備博士太師諫曰章邯秦之名將周章非其敵也今王使使需然自得而不設備臣竊惑焉夫雖天之所舍其禍福吉凶大者在天小者由人今王不修人利以應天祥若跌而不振悔之無及也王曰寡人之軍先

生無累也請問先生息慮也又諫曰臣聞兵法無恃敵之不我攻（言當爲攻我之備也）特吾之不可攻也今恃敵而不自恃非良計也王曰先生所言計策深妙子不識也先生休矣已而告人曰儒者可與守成難與進取信哉博士他日復諫曰臣聞國大兵衆無備難恃一人善射百夫決拾章邯易將卒皆死士也周章君孺使彼席卷來前莫有當其鋒者王曰先生所稱寡人昧昧焉願以人間近事喻之（言欲先生以近事爲之議）荅曰流俗之事臣所不忍也今王命之敢不盡情願王察之也（言俗事臣不忍言今王命不敢違故下以梁由喻之）臣昔在梁梁人有陽由者其力扛鼎伎巧過人骨騰肉飛（言其驍勇若骨騰肉飛然）手搏蹻獸國人懼之然無治室之訓礼教不立妻不畏憚浸相泄瀆方乃積怒妻坐於牀咨罵左手建杖右手倒其頭妻亦奮志因授以背使杖擊之而自振其陰由乃仆地氣絶而

不能以其鄉人聞其凶凶也（凶凶當作哅哅宜然之声）竊而見之趣而救之妻愈憤怨莫肯舍并或强其衆然後乃救人以无敵之伎力而劣於女子之手者何以輕之无備故也今王与秦角强非若由之夫妻也而輕秦過甚臣是以懼故區區之心欲王備慮之也王曰譬類誠往然實不同也弗聽周章果敗而无後救卽遂進兵擊陳王師大敗

博士孔仕六旬老于陳將没戒其弟子曰（襄長九尺六寸昔為孝惠帝博士遷長沙太守年五十七）魯天下有仁義之国也戰国之世講頌不衰且先君之廟在焉吾謂叔孫通處濁世而清其身學儒術而知權變是今師也宗於有道必有令圖歸必事焉（叔孫通魯之薛人秦時以文學待詔博士漢王入彭城通以弟子百餘人降漢後定漢儀拜為奉常尋為太子大傅惠帝復徙通為奉常）

孔叢子卷第六

孔叢子卷第七　　宋咸　注

連叢子二

連叢子下

連叢子上第二十二

叙書

家之族胤一世相承以至九世相魏居大梁（孔子生鯉字伯魚鯉生伋字子思伋生白字子上白生求字子家求生箕字子京箕生穿字子高穿生子順順相魏自叔梁紇至子順九世魏居大梁）始有三子焉長子之後承殷統爲宋公中子之後奉夫子祀焉襄成侯小子之後彥以將事高祖有功封蓼侯（言事高祖爲將）其子臧嗣焉歷位九卿遷御史大夫辭曰臣世以經學爲家轉相承作訓法然今俗儒繁說遠本雜以妖妄難可以教侍中安國（安國孔忠之子以治尚書爲武帝博士臨淮太守時爲侍中）受詔綴集古義臣乞爲太常典臣家

業与安国紀綱古訓使永垂來嗣孝武皇帝重違其意遂拜太常其礼賜如三公在官數年著書十篇而卒先時嘗爲賦二十四篇冊四篇別不在集以其幼時之作也又爲書與從弟又戒子皆有義故列之于左

諫格虎賦

帝使亡諸大夫（亡无也諸之也无之大夫言本无此大夫假有之以爲辞猶子虛公子安処先王之類也）問乎下国下国之君方帥將士於中原車騎駢闐被行岡亦山手格猛虎生縛貙犴（犴亦作貋音岸貙貋貙虎之大者爲貙貋文如貍）昧爽而出見星而還国政不恤惟此爲歡乃夸于大夫曰下國鄙固不如帝者之事敢問天子之格虎豈有異術哉大夫未之應因又言曰下國褊陋莫以虞心故乃闢四封以爲藪囿境內以爲林禽鳥育之驛瑶（瑶々驛々瑶々充物貌）晝則鳴嚾夜則嘷吟飛禽起而翳日走

獸動而雷音犯之者其罪死驚之者其刑深虞候苑令（虞人之候林苑之令也）是掌廠禁於是分幕將士營遮榛叢戴星入野列火求蹤見虎自來乃徃尋從張罝網羅刃鋒驅檻車聽鼓鍾猛虎顛遽奔走西東怖駭內懷迷冒怔忪耳目喪精值網而衝局然自縛或隻或雙車徒扑讃咸稱曰工（言車從之徒撒扑以稱其工）亦乃縛以絲組斬其牙攴輪登較（攴或作枝与揩同言獲獸多可揩其輔輪登滿較式）高載歸家孟賁被髮瞋目躁猾紛華故都邑百姓莫不于邁陳列路隅咸稱万歲斯亦略獵之至樂也大夫曰順君之心樂矣然則樂之至也者與百姓同之謂夫兕虎之生與天地偕山林澤藪又其宅也被有德之君則不為害今君荒於遊獵莫恤国政驅民入山林格虎於其廷妨害農業殘夭民命国政其心乱民命其必散国乱民散君誰與処以此為至樂所未聞也於是下国之君乃頓

首曰臣實不敏習之日久矣幸今承誨請遂改之

楊柳賦

嗟茲楊柳先生後傷蔚茂炎夏多陰可涼代之原野樹之中塘漸浸以時日引月長巨本洪枝條脩遠揚天繞連枝猗郁其房或拳句以逮下或擢跡而接穹蒼綠葉累疊鬱茂翳沈蒙籠交錯應風悲吟鳴鵠集聚百變其音爾乃觀其四布運其所臨南垂太陽北被宏陰西奄梓園東覆果林規方員千步頃清室莫與比深於是朋友同好几筵列行論道飲燕流川浮觴殽核紛雜賦詩斷章合陳厥志考以先王（言考以先王之禮）賞恭罰慢事有紀綱洗觶酌樽兕（兕光亦兕觥角爵一云罰爵）並揚飲不至醉樂不及荒威儀抑抑動合典常退坐分別其樂難忘惟萬物之自然固神妙之不如意此楊樹依我以生未經一紀我賴以

寧暑者不御箑羞凌而涼清內蔭我宇外及有生物有可貴者何不銘乃作斯賦以敘厥情

鴞賦

季夏庚子思道靜居爰有飛鴞集我屋隅異物之來吉凶之符觀之歎然皆見考經書任德爲祥棄常爲妖尋氣而應天道不踰昔在賈生有識之士忌茲服鳥卒用喪已（賈誼爲長沙王傅有鵩飛入誼舍止於坐隅鵩似鴞不祥鳥也誼既以謫居長沙自傷悼以爲壽不得長乃爲賦以自廣）咨我令考信道秉直變在生家謂之天神脩德滅邪化及其鄰禍福無門惟人所求聽天任命慎厥所脩栖遲養志老氏之疇祿爵之來秖增我憂時去不索時來不逆庶幾中庸仁義之宅何思何慮自令勤劇

蓼蟲賦

季夏既望暑往涼還逍遙諷誦遂歷于園周旋覽觀俯乎南

藩觀茲茂蓼結葩吐蘂猗那隨風綠葉紫莖爰有蠕蟲厥狀似蠶群聚其間食之以生於是悟物託事推況乎人幼長斯蓼莫或知辛膏粱之子豈曰不云惟非德非義不以爲家安逸無心如禽獸何逸必致驕驕必致亡匪惟辛苦乃丁大殃言蓼蟲浸辛而弗以爲辛猶膏粱之子浸驕而不以爲驕遂至乎大殃

與從弟書

臧報侍中從弟乃安國也相知忽俗儒謠辭冒義有意欲撥亂反正由來久矣然雅達博通不世而出猶言希世而出流學守株比肩皆是衆以非非正將焉立每獨念至此夙夜反側誠懼仁弟道未信於世而以獨知爲愆也人之所欲天必從舊章潛於壁室正於紛擾之際欲爾而見俗儒結舌古訓復申豈非聖祖之靈欲令仁弟讚明其道以闡其業者哉言既得屋壁之書安國爲傳恥說遂寢昌襄

雖焉今學亦多所不信唯聞尚書二十八篇取象二十八宿謂
焉至然也何圖古文乃有百篇耶（壁書未出好作之者遂有此言柔然以焉然）如堯典
說者以焉堯舜同道弟素常以焉雜有舜典今果如所論也
（舜典自虞書所錄）及成王道雷風周公信自在（道亦作導）俗儒群驅狗吠雷
同不得其髣髴焉能明聖道之真乎欲以今讎古之篆隸科
斗已定五十餘篇並焉之傳云（時安國所得壁中書皆科斗文字遂以今讎古分作五十九篇）其餘
錯亂文字摩滅不可分了欲垂待後賢誠合先君闕疑之義顧
惟世移名制變改文體義類轉益難知以弟博洽溫敏既善推
理又習其書而猶尚絕意莫肯垂留三思縱使來世亦有篤古
碩儒其若斯何（言若斯何猶言其奈此何）嗚呼惜哉先王遺典闕而不補聖
祖之業分半而泯後之君子將焉取法假令顏閔不殁游夏
更生其豈然乎其豈然乎不能已已貴復申之

與子琳書

告琳須來聞汝與諸友生講隸書傳滋滋晝夜衎衎不息善矣人之進道唯問其志取必以漸勤則得多山霤至柔石爲之穿蝎蟲至弱木爲之弊夫霤非石之鑿蝎非木之鑿然而能以微脆之形陷堅剛之體豈非積漸之致乎訓曰徒學知之未可多履而行之乃足佳 此言古訓有之謂李以能踐爲善 故學者所以飾百行也侍中子國 子國安國字 明達淵博雅好絶倫言不及利行不欺名動遵礼法少小長操故雖與群臣並參近侍見待崇禮不供褻事獨得掌御唾壺朝庭之士莫不榮之此汝親所見也 漢書云侍中比二千石無員左蟬右貂本秦丞相史往來殿內故謂之侍中分掌乘輿服物下至褻器虎子之屬武帝時孔安国爲侍中以其儒者特聽掌御唾壺朝廷榮之 詩不云乎無念爾祖聿修厥德又曰操斧伐柯其則不遠遠則尼父近則子國於以立身其庶矣乎

敘世

臧子琳位至諸吏亦傳斈問琳子黃厥德不脩失侯爵大司徒光（光字子夏父霸字次儒成帝即位李為傳其後為太師賜靈壽杖年七十元始五年薨）以其祖有功德而邑土廢絕分所食邑三百戶封黃弟茂為關內侯茂子子国生子卬為諸生特善詩礼而傳之子卬生仲驩為博士弘農守善春秋三傳公羊穀梁訓諸生仲驩生子立善詩書少游京師与劉歆友善（劉歆字子駿成帝召見為黃門郎与父向領校秘書講六藝傳記諸子詩賦數術方技无所不究向死歆復為中壘校尉哀帝時為侍中千騎都尉奉車光祿大夫貴幸復領五經卒父前業）嘗以清論譏貶史丹史丹諸子並用事（史丹字君仲魯元帝成帝為上將軍薨有男女二十人九男皆以丹任為侍中諸曹親近在左右九四人侯至御大夫二千石者十餘人）為是不仕以詩書教於闕里數百人子立生子元以郎校書時歆大用事而子元校書七年官不益故或譏以為不恤於進取佳楊子雲善之子元生子建與崔義

幼相善長相親也義仕王莽爲建新大尹數以世利勸子建仕子建答曰吾有布衣之心子有衮冕之志各從所好不亦善乎且習与子幼同志故相友也今子以富貴爲榮而吾以貧賤爲樂志已乖矣乖而相友非中情也請与子辭遂歸鄉里義當作穀崔篆之子以疾隱身不仕漢書稱子建少遊長安与崔篆友善及篆仕王莽爲建新大尹勸子建仕對曰吾有布衣之心子有衮冕之志各從所好不亦善乎道既乖矣請從此辭遂歸終於家臣箴今詳連叢之文其與此与漢書同而其名異且漢書稱崔毅以疾隱身不仕莽後疾愈復仕故子建絕子俱漢書誤作崔篆焉何則詳連叢文毅誤作仁義之義字可辨也光武中興天下未悉從化董憲彭豐等部衆於鄒魯之間郡守上黨鮑府君長患之是時闕里无故荊棘叢最生一旦自闢廣千數百步從舊講堂坦然至里門府君大驚謂子建曰豈鄉先君欲令太守行鄉飲禮助太守誅惡邪子建對曰其然府君曰爲之奈何對曰庠序之儀廢久矣今誠修之民必觀焉且憲豐爲盜

或聚或散非有堅固部曲也若行鄉飲射之禮內為飲酌之之備外示以簡易憲等無何依衆觀化可因而縛也府君從之用擒憲等（鮑永字君長初事更始亡歸光武拜諫議大夫時東海人董憲起兵其裨將屯兵於魯侵害百姓乃拜永為魯郡太守永到擊討破之降者數千人惟別帥彭豐虞休皮常等各千餘人稱將軍不肯下須之孔子闕里無故荊棘自除從講堂至於里門永異之謂府丞及魯令曰方今危急而闕里自開斯豈夫子欲令太守行禮助吾誅無道邪乃會日人衆修鄉射之禮請豐等共會觀視欲因此禽之豐等亦欲圖永乃持牛酒勞饗而潛挾兵器永覺之手格殺豐等漢書無永詢子建之辭全盛錄之不詳）子建生子仁以文學為議郎博士南海太守生子豐子豐以學行聞三府交命委質司空拜高第御史建初元歲（建初乃漢孝章帝元年）大旱天下憂之問群臣政教得失子豐乃上疏曰臣聞為不善而災報得其應也為善而災至遭遇時運也陛下即位日新視民如傷而不幸耗旱時運之會耳非政教之所致也昔成湯遭旱因自責省故散積藏御損膳而大有年意者陛下未為成湯之事焉天子納

其言而從之三日雨即降轉拜黃門侍郎典東觀事子豐生子和史作孔信字仲和此書蓋孔氏子孫所集故多不書其名然字子又与史小異

太叫大夫鮑彥曰鮑彥史无其傳人之性分氣度不同有體貌亢疏色厲矜莊儀容冰栗似若能斷而當事少決不逮甚焉者或性玄靜不与俗競氣不勝辭似若无能而涉事不顧臨危不撓者是焉似若強焉而不能勝量似若弱焉而不可奪也君子觀之以表推内察容而度心所以得之也若是似類相乱如何取實乎子豐曰大人者患在不察也人之所綜物才志也慮協於理固以守之此之謂強知足以通变明足以破偽情足以審疑果足以必志固可以先事而功成矣即所謂寬柔内思不報无道之強豈待形氣之助乎若乃貌濟内荏高氣亢戾多意倨跡理不充分業不一定執志不果此謂剛愎非強者

也是故君子欲必其行由是論之強弱之分不取於氣色明矣
必也察志在觀其爲後事乎非定計於內而敏發於外孰能稱此
強名乎哉子豐曰夫物有定名而論有一至是故有可一言而
得其極雖十言而不能奪者唯析理即實為得不以濫麗說
辭為賢也然而世俗之人聰達者寡隨聲者衆持論無主俯
仰為貧困貴勢而附從託浮說以為定不求之於本不考之於
理故冗長濶散之言而衆莫能折其中所以為口費而無得也
夫論辨者貴其能別是非之理非巧說之謂也當要者訥言得
理此乃辨也聽者由弗之察辭氣支離取喻多端幸較以類
理不應之與而聽者因形飾僞徒讚然之是所謂以巧辭多喻為
辨而莫識一言之別實者也人皆欲剖折分理揆度其僞固不
知所以精之如自為得其謬惑莫之甚焉是故舉多敗事而寡

特之知困於群醜也夫聰者不可亂以淫聲明者不可眩以邪色而世人不必聰明故有氣勢者益得之半无此二者損得之半也

左氏傳義詁序

先君奇字子異其先魯人即襃成君次儒第二子之後也孔霸字次儒孔延年之子宣帝時為太中大夫以選授皇太子經元帝即位以帝師賜爵關內侯號襃成君霸四子長子福次子捷第三子喜第四子光家于茂陵以世孝之門未嘗就遠方師也唯兄君魚小從劉子駿受春秋左氏傳於其講業最明精究其義子駿自以才不及君魚也其或訪經傳於子駿輒曰幸問孔君魚吾已還從之諮道矣由是大以春秋見稱當世孔僖傳字君魚霸之曾孫少從劉歆受春秋左氏傳歆稱之謂門人曰吾已從君魚受道矣後去武都太守弟奇游學洛陽舊以奇經明當仕上病去官守約鄉閭卒于家奇博通經典作春秋左氏劉言刪究其大義也王莽之末君魚避地至大河之西以大將竇融

焉家常焉上賓從容以論道焉事是時先生年二十一矣櫝卜楷
字周公再入說彼縣兄東方尚屢不數出関累世在河西知其土俗即將家屬而西後事光武爲大司空及顯宗朝年七十八薨每焉其兄
議齊其兄謝服焉及世祖即祚君魚乃仕官至武都太守關内
侯以清儉聞海内先生雅好儒術淡忽榮祿不顧從政遂刪撮
左氏傳之難者集焉義詁發伏闡幽讃明聖祖之道以祛後
齊著書未畢而早世不求宗人子通痛其不遂惜兹大訓不
行于世乃校其爲篇目各如本第并序答問凡三十一卷將來君
子儻肯遊意某詳録之焉子豐善於經齊不好諸家書鮑
彥焉子豐名齊而業殊故謂子豐曰家書多才辭莫過淮南也
讀之令人斷氣斷氣猶言悶絶方自知爲陋爾子豐曰試說其最
工不可及者彥曰君子有酒小人鼓缶雖不可好亦不可醜此
語何如子豐曰不急爾彥曰且効作此語子豐曰君子樂醼小

人擊扑雖不足貴亦不可賤君子舞象小人擊壤上化使然又何足賞貴吾能作數十曲但無益於世故不爲爾鮑子於是屈而無辭

連叢子下第二十三

元和二年三月孝章皇帝東巡過魯幸闕里以太牢祠聖師作六代之樂天子升廟西面群臣在庭北面皆再拜天子進爵而後坐乃召諸孔丈夫年二十以上者六十三人臨賜酒飯子和自陳曰臣草莽所蔽才非幹時行非絕倫託備先聖嗣世名學家陛下謬加拔擢微臣蘭臺令史會值車駕東巡先礼聖師猥以餘福惠及臣宗誠非碎首所能報謝詔曰治何經對曰爲詩書頗涉礼傳詔曰今日之會寧於卿宗有光榮乎對曰非所敢當也臣聞明王聖主莫不尊師而貴道今陛下尊臣

祖之靈貴吕祖之道親屈萬乘辱臨敝里此乃陛下所以崇
聖也若夫顧其遺嗣得與群臣同受釐福此乃陛下愛屋及
烏惠下逮尚書大傳曰愛其人者兼愛其屋上烏憎其人者惡其餘胥此言天子愛先聖而及其子孫也所以
崇德作畏臣宗邦與於光榮非所敢承天子嘆曰非聖者子孫
惡有斯言遂拜子和郎中詔隨車駕賜孔氏男女錢帛子和從
還京師遂校書東觀其年十二月為臨晋令其友崔駰以其家
卦林占之謂為不吉語子和曰盍辭乎卦林當作易林案後漢崔篆嘗著易林六十四篇用決吉凶多所占驗篆乃駰之祖父也故曰以其家易林占之一作家林荅曰學不為人仕不擇官所以
為吉也且卜以決疑不疑何卜吉凶由人而由卦林乎徑往之
官三年秋八月天子巡后土登龍門子和自請從行在所天子所至曰行在所天子識其狀貌燕見移時賜帛十端還而九月既望寢疾浸
而不瘳乃命其二子留葬焉二子長曰長彥年十有二次曰季

彥年十歲父之友西洛人姚進先有道徵不就養志于家長彥季彥常受教焉既除喪則苦身勞力以自衣食家有先人遺書兄弟相勉諷（謂）一不倦于時蒲阪令汝南許君然造其宅勸使歸魯奉車二乘辭曰（吏稱蒲阪令許君然勸令返魯乃无奉車二乘之文）載柩而返則違父遺命舍墓而去則心所不忍君然曰以孫就祖於禮爲得願子无疑荅曰若以死有知也祖猶鄰舜宗族父獨留此不以劇乎吾其定矣（是時遂留華陰）遂還其車於是甘貧味道研精墳典十餘年間會徒數百故時人爲之語曰魯國孔氏好讀經兄弟講誦皆可聽學士來者有聲名不過孔氏那得成長彥頗隨時爲今學季彥專其家業兼修史漢不好諸家之書（隨時為今文至言其時多為章句文字）華陰張太常（時季彥留華陰然張太常其華陰之人欤本无其名）問如何斯可謂備德君子季彥荅曰性能沈邃則不可測志不在小則不可度砥厲廉

隅則不可越行高體卑則不可階興事教業與言俱立捨己從善不恥服人交友以義不慕勢利並立相下不倡游言謂聞流言不緝倡而信之若此可謂備德矣張生曰不有孝悌忠信乎答曰別而論之則應此條揔而目之則曰孝悌忠信張生聞是言喜而書之

曾人有同歲之計而死者欲為之服問於李彥李彥曰有恩好其總乎昔諸侯大夫共會事王主及以君命同盟奮霸王其死則有哭臨之禮今之上計並覲天子有交燕之歡同名綠素上紀先君下錄子弟相敦以好相厲以義又數相往來特有私親雖比之朋友不亦可乎

崔駰學於太學崔駰字亭伯漢肅宗巡守方岳駰上四巡頌帝雅好文章見駰頌嗟歎之謂侍中竇憲曰卿寧知崔駰乎對曰班固數為臣說之然未見也帝曰公愛班固而忽崔駰此葉公之好龍也及憲為車騎將軍辟駰為掾後出為長岑長不之官卒于家而糧乏之鄧衛尉欲餼焉鄧衛尉乃鄧訓即禹之子謙恕下士無貴賤見之如舊朋友建初三年拜

謂者後拜張掖太守護羌校尉而未果季彥年九歲以其父命往見衛尉曰夫言不在多在於當理施不在豐期於救乏崔生曰父之執也不幸而負公許賑之言既當理矣從來有日嘉貺未至或欲豐之然後乃致乎荅曰家物必須祖入當偎送季彥曰公顧賜崔生欲分禄以周其無君之惠也必欲待君祖入然後偎致則於崔生為贏非義崔生所不為也且今已乏矣而方須祖入是猶古人欲決江海以救牛蹄之魚之類也鄧公曰諾

梁人取後妻後妻殺夫其子又殺之季彥返魯過梁相曰此子此子當以大逆論禮繼母如母是殺母也季彥曰言如母則與親母不等欲以義督之也昔文姜與殺魯桓春秋去其姜氏傳曰不稱姜氏絕不為親禮也文姜齊女為魯桓公夫人桓公与齊侯會于濼遂与夫人姜氏如齊齊侯通焉齊侯使公子彭生乘公拉殺之莊公即位夫人遜于齊不稱姜氏以示義也絕不為親即凡人爾

且夫手殺重於知情知情猶不得爲親則此下手之時母名絕矣方之古義是子宜以非司寇而擅殺當之不得以爲殺母而論以逆也梁相從之

弘農太守皇甫威明問仲淵曰（皇甫規字威明爲度遼將軍尋爲尚書後遷弘農太守封壽成侯讓封不受轉爲護羌校尉年七十一卒仲淵乃季彥族人）五聞孔氏負其父之後（禮別子爲祖繼別爲宗今云三父之後德伯季攸之三宗也）能傳祖之業者常在於叔祖今觀連叢所記信如所聞然則伯季之後弗克負荷矣答曰不然也先君所以爲業者非唯經傳而已可以學則學可以進則進可以止則止故曰无可无不可也蓋唯執行中庸其於得道非末嗣子孫所能及也是以先父各取所能　仕則仕能學則學自伯祖之子孫世仕有位季祖之子孫或學或仕或文或武所統不壹故學業不稽古仕无高官文非俎豆武非戰兵不專故也皇甫曰如高明之

言是故弗克負荷已荅曰伯之子孫今可其仕季之子孫何所能仕所以世得聞焉且人之才聖受天有分若如君之論則成王伯霸禽雖致泰平皆當以不聖蒙弗克負荷之罪乎皇甫笑曰善既而或謂仲淵曰以古人推之自可如皇甫之言爾而子矜之何也皇甫雖口與子心實不與也荅曰吾其然然此君來言頗散相侵故激至於此豈曰得道由不獲已也

長孫尚書問季彥曰（長孫尚書本无其名）勲士聖人之後也豈知聖人之德惡乎淵荅曰德行邈於世智達秀於人哉於如此矣曰聖人者必能聞於無聲見於无形然後稱聖爾如勲士所言大賢則能焉之季彥曰君之論宜其若未之近也夫有聲故可得而聽有形故可得而見若乃无聲雖師曠側耳將何聞乎无形雖離婁並照將何覩乎（離婁古之名目者當黃帝時人黃帝亡其玄珠使離朱索之離朱乃離婁也能視百步之）

（外見秋毫之末）書曰惟狂克念作聖狂人念思道德猶為聖人々大賢之清者也賢人中人之清者也

孔大夫謂季彥曰（孔大夫乃孔昱字元世霸七世孫少習家學大尉辛方正對策不合乃辭病去後徵拜議郎補洛陽令以師喪棄官卒於家去大夫蓋時以邑稱然）今朝廷以下四海之內皆為章句內學（西漢士論以經術為內學以諸子雜說為外學故褚季孫曰臣幸得以經術為郎而好讀外家傳語又東方朔以好傳書愛經術多所博觀外家之語當田季彥時方尚辭文乃以章句為內學以經術為外學焉）而君獨治古義治古義則不能不非章句內學非章句內學則危身之道也獨善固不容於世今古義雖善時世所廢也而獨為之必將有忠盡固已乎答曰君之此言殆非所望也君以為季々知乎々季愚乎大夫曰學所以求知也季彥曰君頻日（頻日猶往日）聞吾說古義一言輒再稱善々其使人知也以為々章句內學迂誕不通即使人愚也今欲使吾釋善々之知業習迂誕不通之愚季為人謀如此於義何居且君

子立論必折是非以見易非何傷之如主上聰明庸知不欲兩聞其義博覽古今擇善從之以廣其聖乎吾之學不要祿貴得正義爾復以此受忠猶甘心焉先聖遺訓壁出古文臨淮傳義（孔安国嘗為臨淮太守）可謂妙矣而不在科策之例世人固莫識其奇矣斯業之所以不泯賴吾家世世獨修之也今吾很為祿利之故欲廢先君之道此殆非所望也若從君言是為先君之義滅於今日將使來世達人見今文俗說因嗤笑前聖吾之力此蓋為先人也物極則變比百年之外必當有明真君子恨不與吾同世者於是大夫悵然曰吾意實不及此也敢謝不敏

楊太尉問季彥曰（楊震字伯起明經博覽無不窮究漢安帝永寧初為司徒後為中常侍樊豐及侍中周廣謝惲等譖策收太尉印綬詔遣歸本郡因飲酖而卒時年七十矣）吾聞臨晉君異才博聞周洽群籍而世不歸大儒何（季彥父子和為臨晉令不歸大儒言世不以大儒歸之）答曰不為祿學故

也惡直醜正實繁有徒辯經說義輒見搢疾但以所據者正故衆人不能周爾免害焉幸何大儒之見歸乎

季彦見劉公（劉公本无其名）客適有獻魚者公孰視魚歎曰厚哉天之於人也生五穀以爲食育鳥獸以爲之肴衆坐僉曰誠如明公之教季彦曰賤子愚意竊與衆君子不同以爲不如明公之教也何者萬物之生各稟天地未必爲人人徒以知得而食焉故孝經曰天地之性人爲貴〻有知也伏羲始嘗草木可食者一日而遇七十二毒然後五穀乃形非天本爲人之生也蚊蚋食人蚓蟲食土非天故爲蚊蚋生人爲蚓蟲生地也知此不然則五穀鳥獸之生本不爲人可以爲無疑矣公良久曰辯哉衆坐默然

永初二年（永初二年乃後漢孝安皇帝時）季彦如京師省宗人仲淵是年夏

河南四縣雨雹如棬杯大者如斗殺禽畜雉兔折樹木秋苗盡天子責躬省過延令幽隱有道術之士各得假變事敢陳厥故李彥與仲淵說道其意狀曰此陰乘陽也貴臣擅權母后黨盛多致此異然乃漢家大忌時下邳長孫子逸止仲淵弟聞是言也孫子逸史无其名此謂此於仲淵所而聞是言心善之因見上說焉上召李彥李彥見於德陽殿陳其事如與仲淵言也曰陛下增修聖德慮此二者而已矣二者謂貴臣擅權母后黨盛夫物之相感各以類推其甚者必有山崩地震白氣相因其事不可盡論往者延平之中鄧后稱制而東垣巨屋山大崩聲動安邑漢孝殤帝誕育百餘日即位鄧太后臨朝稱制改延平元年六十河東垣山崩郡国三十七雨水即前事之驗者帝默然左右皆不善其言史稱延先元年河西大雨雹大者如斗安帝詔有道術之士極陳變青乃召李彥見於德陽殿帝親問其故遂有此對帝默然左右皆惡之李彥聞之曰吾豈容媚勢臣而欺天子乎後子逸相與舉李彥孝廉

固辭不就會遭兄長孝憂遂止乎家季彥爲人謙退受
厚簡而不華終不以榮利變其恬然之志見不義而富貴者
視之如僕隸其筆則典誥成章吐言必正名務理故每所交游
莫不推先以爲楷則也年四十有九延光三年十一月丁丑卒史稱年四十七

孔叢子卷第七

孔叢子釋文

嘉言第一

萇音長 安施商移切 或弛詩止切 好禮虛到切 事夫風無切 使于疏吏切 遇弛許偉切 後瘳丑鳩切 與在音預 爲病于僞切 夫三折上音扶下食列切 巳之巳人巳並養里切下巳之同 既宴伊甸切 夫死音扶 與計音預 盍姑巳上轄臘切下音以 夫以音扶 繫方胡計切又音詣切下繫同 填之堂練切 巳矣音以 難易上那干切下以豉切 畐說輸爇切 知者音智 夫不音扶

論書第二

曠夫風無切 巳殁音以 巳之音紀 肜日以中切 之惡烏各切 論事盧困切 錯行七各切 樂之音落下同 愀然七小切 而巳音以 惡覩音烏 大麓音鹿 巳而音以 迷錯七各切 禋燔符袁切 死難奴旦切 與於音預 祇祇音夷切 刑錯七故切 三監盍長展兩切 所任汝鴆切 除過古郎切 應之扶聲之長展兩切

記義第三
餼夫許記切 施人施智切 名歟舒玉切 相室息亮切 從死才用切 長者展兩切 好
人虛到切 譽已音紀 好外虛到切下好內同 瘠色秦昔切 女知音智下知同 令德力正切 任
臣汝鴆切下自任同 已耳上音以 己巳上音紀下音以 其知音智下爲知同 使宰爽士切 使于疏吏切
以遺以醉切 若夫音扶 使人爽士切 舍實音捨 私昵尼質切亦作暱 陷辟毗亦切 淇
澳乙六切 苞苴子余切 好賢呼告切下好與文同 豳公悲巾切亦作邠 造周在早切 躐跲力涉切下居業切
與於音預 將意資良切 蓼莪力竹切 裳裳如字 清澈敕列切 焉施商移切

刑論第四
刑省所景切 降典古巷切 折民之列切 弗勝詩證切又書蒸切下同 無別彼列切下同
刑重直隴切 民匱求位切 惡之烏故切 不省所景切 夫赤音扶 折獄之列切
非從牆容切 則已音以 適爾施隻切 不中丁仲切 比罰毗寘切 斷者徒玩切

之悖（蒲没切）之枳（諸氏切，亦作疻）惡其（烏故切，下同）間居（音閑）

記問第五

孔伋（音级）析薪（先的切）負荷（下可切）任賢（汝鴆切）函閭（訖力切）任法（汝鴆切）

之知（音智）難（那干切）諸讐（虫周切）息鄉（側鳩切，亦作鄒）操曰（七到切）已得（音以）焉

師（於度切）梟鴟（上堅尭切）惵焉（尤虔切）所好（虛到切）只且（上諸氏切，下子余切）使以（上爽士切）剝

褫（上力紙切，下移尔切）自嬰（伊盈切）蔓延（袁然切，亦去聲）永歎（他干切）綈賨（羽敏切，亦作隕）使使

（上爽士切，下疏史切）車子（昌遮切，亦於切又）鉏商（林魚切）五父（方短切）麕身（居均切，又作麏麇，同）今

見（賢遍切）應之（於證切）

雜訓第六

由（諸氏切）不與（音預）相好（虛到切）舍玦（上音捨，下古穴切）珠瑱（他甸切）子車（尺遮切）

於郯（徒甘切）而別（皮列切）使以（疏吏切，下同）當免（亡運切，下同，亦作絻）疏遠（音踈）爲屬

（珠玉切）令名（力正切）之惡（烏谷切）各卑（音以）受禪（時戰切）舍適（上音捨，下音的，下同）

居衛第七

可將（即亮切下同）百乘（繩證切）君任（汝鴆切）不訾（即移切）適齊（施隻切）相易（夷益切）寄帑（他曩切）有奇（居宜切）折臂（食列切）禿骭（下晏切）背僂（龍主切）不與（音預）大牢（音泰）不累（力僞切）惡有（音烏）其行（下孟切）行行（上下孟切下戶庚切）行只（音止）自埶（私列切亦作褻）同嚳（枯沃切）追王（于況切）大王（音泰）不爲（于僞切下與民同）千乘（繩證切）焉得（於虔切）珪瓚（才贊切）秬鬯（上音鉅下丑亮切）置父（扶雨切）適宋（施隻切）樂朔（音嶽）

廵守第八

廵守（音狩）禪泰（時戰切亦作禫）曰墠（時戰切）齋車（側皆切）金奠（上音內釋）納貢（音賈）好惡（上呼到切下烏故切）墾辟（音闢）日齋（側皆切）

公儀第九

參（音三）要利（伊消切）其行（下孟切）過行（下孟切）胡毋（音無）甚易（以豉切）

抗志第十

鰥魚（姑頑切）一斷（音膀房）使乎（疏吏切）和者（胡卧切下同）以長（丁丈切）無已（音以下同）

故使（爽士切）舍所（音捨）必疣（音尤）期大（居之切）爲人（于僞切）府藏（才浪切）之分

（扶問切）無伯（如字又音霸）汩之（古忽切）不禁（居吟切）適觸（施隻切）自累（力偽切）四

乘（繩證切）餼焉（許既切）祭膰（符袁切）已優（音以下同）行志（户庚切）已已（以下同）重

違（直隴切）已言（音以）談說（式銳切）屬耳（之欲切）喪也（四浪切）卒盡（即律切）

小爾雅第十一

廣詁

莽艾（牛蓋切）頒賦（浦還切亦作朌）聚撲（博木切）模臬（倪結切）開徹（勑列切）造

之（七到切）熸剡（將廉切）

廣言

憲何（曷葛切）麗著（直略切）脩杼（直吕切）仳辨（匹彼切）卬我（俄剛切）顪和（俞戍）

切汨猾古忽切焮也香靳切烯乾欣衣切作爘桑感切勦截楚交切辟除比激切甚忌渠記切燀之稍延切

廣訓

惡乎音烏聲赤證切韡韡羽鬼切亦作翰魴鱮上符方切下象呂切麀鹿於丘切麌麌虞矩切曰哤莫江切

廣義

曰煢渠營切亦作惸曰釐陵之切本作嫠屬婦時散切非分扶問切曰戁乃版切曰恧女六切

廣名

之阽余廉切從先牆容切之賵撫鳳切之隧徐醉切之殔羊至切之宅毛昌毛絹切又充芮切

廣服

織繒慈陵切曰縞古老切田也分物切一作內而朧切頁也丁定切紋謂分物切襜褕

上直上切下容朱切紩之直質切之衻如廉切冪莫狄切牀第壯士切鍵謂巨堰切

廣器

之鵠古毒切之正諸城切之槷倪結切亦作臬鏚鉞食歷切干瞂房越切句孑上古

侯切下吉列切鞞鞛上布頂切下布孔切珌辟吉切之弢他刀切之艇待鼎切曰艀薄故切之

轆力公切較訖岳切喙叶穢切纍力追切繘以律切縚他力切亦作絛[糸爭]仄莖切樛居虯

切紾章忍切或作縝[巾卑]頻弥切

廣物

之稈古旱切之[禾立]力入切亦作粒之銍陟栗切曰揠烏轄切曰筥居許切曰櫌於求

切之葚食荏切又作顡椹之橡徐兩切

廣鳥

之鴉五下切亦只作雅之燕於甸切白脰田侯切鸒羊茹切鵯鶋上辟吉切下斤於切

廣獸
之豜古賢切之豵子紅切㯐也桑感切魚舍如字
度　跬丘弭切一之兩力讓切　○量之盛時征切之
溢弋質切簍郎斗切　○衡　銖慵朱切鋝龍輟切鍰胡關切
公孫龍第十二
讕郎干切又落干落旱二切盍往轄臘切之悖蒲沒切之令力政切兕徐姊切而喪四浪切
其行下孟切下同狹之音狎氾論音泛幾能音機惡得音烏
儒服第十三
箑色治切而已音以下已行同與焉音預獲已音以比劣卑履切呰音紫所喪四浪切
對魏王第十四
與謀音預則射神夜切相揉忍九切相錯倉落切所喪四浪切惡之烏故切下同吶
吶儒劣切　陳士義第十五

便者（疏吏切）蔬食（音嗣）一夫（音膚）降節（如字）夫豈（音扶）歆強（巨兩切）必當
（丁浪切）錕鋙（上公渾切下五乎切）皓然（胡老切）嶤（撓照切下同）相好（虛到切）折毀（旋列切）
五父（音甫）合葬（音閣）縡紇（下沒切）輓父（无販切）大行（下孟切）於鄖（音雲）乳穀
（奴斗切）於菟（上音烏下音塗）女妻（七計切）撗生（戶孟切）由惡（烏各切）使相（息亮切）修好
（虛到切）而燕（音宴）強之（如字）不已（音以）麋於（旻又悲奴切）貲擬（音次資）疏達（音蹄）之行
（下孟切）諂䫉（音藐）麼髍（度各切）稱慮（赤證切）論士（盧困切）宮他（唐何切又湯何切）作
難（乃旦切）相惡（烏各切）而臨（力鴆切）舍先（音捨）相魏（悉其切下同）喪職（息浪切）鹿彌袁
（旻悲切）而帶（博蓋切又方味切）幾乎（音機）

論執勢第十六

求從（將容切）數被（色角切）好卑（虛到切）惡尊（烏故切）二難（乃旦切）目累（力遂切）
質秦（音致）嫪毐（上郎到切下哀改切）在喪（如字）

執節第十七

義彊巨兩切下強作同 談說寄贅切 省刑所省切 問相息亮切 其行下孟切下以行同 卒
不遵律切 學行下孟切

詰墨第十八

崇喪蘇郎切 惡禮烏故切 苴經子余切 菅菲古顏切 躬行戶庚切 鴟夷
處脂切 亦惡烏故切下惡相惡同 惡疾烏各切 行已戶庚切 隤重直隴切 強諫其良切
卒自遵律切

獨治第十九

泜水陳尼切又冒之切 易操食躁切 名駙方遇切 塞於桑則切 媾音遘 降殺
上如字丁色戒切 之免音問 弗父音甫

問軍禮第二十

齊戒側皆切下齊車三日齊同 含奠音釋 訊馘古獲切 飲至於禁切 摯齊側皆切

荅問第二十一

之知音智 戾夫風無切 當之字殺 為韓于偽切下為秦同 中行戶剛切 説難奴旦切
度其上度唐洛切下度天同 知氏音智 難之乃旦切 知伯音智 施施余支切 何施商移切
三恪康落切 其娣大計切 第壯士切 累累力追切 使使上爽士切下踈吏切 需需然
晉蓋切 跌而田列切 無累力追切 決拾極業切 梟將堅堯切 扛鼎古雙切 蹺
獸彻御切 哅哅許拱切 贛忿陟降切亦作戇 舍柵音搭 令圖力政切
運叢子上第二十二
相魏息亮切 將事即亮切 蔘侯力竹切 轉相思將切 繁說湍藝切 使求士爽
切 方師音率 駢閭音田 貙豻上勑朱切下音岸 乃發 諸音翳日於計切 苑令力政切
正忪上諸城切下諸容切 喪精四浪切 弩較古學切 孟賁浦昆切 瞋目音彰 蹂猬
切 至樂即各切下同 猗那上於宜切下奴何切 歙燕音燕宴 洗彈友叢切 兕觥蝣切
鶂古競切 喪巳四浪切 鵩音服 令考力政切 夔蟲盧切 蠕蟲而兗切 焉立
於虔切 惡能音烏 將焉於虔切 衎衎空旱切 山霤力舊切 雅好呼到切 褻

事先列切 牲分扶問切 亢上音抗䟠下音踈 知足音智 謂強如字下同 剛愎蒲壁切

稱此赤證切 析理星歷切下剖析同 圂上胡困切殽下何交切 折其章列切 揆度唐落切 斷

氣徒管切

連叢子下第二十三

行非下孟切 令史力政切 得與音預下音 受釐丕其切亦作禧 惡有音烏盍 闑辛蘗

切 為人于偽切 請從才用切 燕見音宴 造其倉到切 可度唐落切 行高下孟切

別而彼列切 交燕音宴 綈素杜奚切 以好虛到切 又數色角切 葉公音攝

賑之止忍切 為贏餘切 輕 取後音娶 與殺音預 荷已音以 有分扶問切 西惡

乎音烏 幾於音機 已乎音以 學知音智下同 何居音基 要祿音腰 悵然丑亮切

惡直烏故切 知得音智下同 省宗相井切下同 棬杯驅圓切 烝陽神陵切

孔叢子釋文終

後序

目咸詳孔臧續連叢子二篇至與子琳書而止自叙世而下逮季彥卒悉孔氏之後人術業平帝元始元年封孔子後孔均爲襃成侯追謚孔子爲襃成宣尼公世祖建武十三年復封均子志爲襃成侯志卒子損嗣孝和永元四年徙封襃亭侯損卒子　曜嗣曜卒子完嗣世世相傳至獻帝初国絶魏復封孔子二十一世孫羨爲崇聖侯晉封二十三世孫震爲奉聖亭侯後魏封二十七世孫乘爲崇聖大夫太和十九年孝文幸魯親祠孔子廟又改封二十八世孫珍爲崇聖侯北齊封三十一世孫爲恭聖侯周武帝改封鄒国公隋文帝仍舊封鄒国公煬帝改封爲紹聖侯唐太宗封夫子裔孫德倫爲襃聖侯由漢平帝至唐子孫

襲封不絶不審何人修續之然當在祖靈之際歟故獻
帝時国絶此書遂巳而无續焉

後序

孔叢子者先生廣平公序之詳矣先生頃得是書未幾
因領憲計二政于嶺南公餘遂釋而進之
先皇帝嘗賜金紫以寵嘉之然尚藏于祕閣而天下樂聞
乎道者欲有之而未能得逢遊學于先生之門得其本又可
私善諸巳而巳耶因命工刊焉庶乎与樂聞道者共使知
逢之心异蔡邕帳下之論衡云耳時嘉祐八年癸卯冬十
一月日門人　呂逢序